U0501367

中华人民共和国 商　标　法 （含商标法实施条例） 注解与配套

第六版

中国法制出版社
CHINA LEGAL PUBLISHING HOUSE

出版说明

中国法制出版社一直致力于出版适合大众需求的法律图书。为了帮助读者准确理解与适用法律，我社于 2008 年 9 月推出"法律注解与配套丛书"，深受广大读者的认同与喜爱，此后推出的第二、三、四、五版也持续热销。为了更好地服务读者，及时反映国家最新立法动态及法律文件的多次清理结果，我社决定推出"法律注解与配套丛书"（第六版）。

本丛书具有以下特点：

1. 由相关领域的具有丰富实践经验和学术素养的法律专业人士撰写适用导引，对相关法律领域作提纲挈领的说明，重点提示立法动态及适用重点、难点。

2. 对主体法中的重点法条及专业术语进行注解，帮助读者把握立法精神，理解条文含义。

3. 根据司法实践提炼疑难问题，由相关专家运用法律规定及原理进行权威解答。

4. 在主体法律文件之后择要收录与其实施相关的配套规定，便于读者查找、应用。

此外，为了凸显丛书简约、实用的特色，分册根据需要附上实用图表、办事流程等，方便读者查阅使用。

真诚希望本丛书的出版能给您在法律的应用上带来帮助和便利，同时也恳请广大读者对书中存在的不足之处提出批评和建议。

中国法制出版社

2023 年 11 月

适 用 导 引

《商标法》是调整商品和服务标志因注册使用管理和保护商标专用权等活动中所发生的各种社会关系的法律规范的总称。1982 年 8 月 23 日，第五届全国人民代表大会常务委员会第二十四次会议通过了《中华人民共和国商标法》，自 1983 年 3 月 1 日起施行。此后，根据 1993 年 2 月 22 日第七届全国人民代表大会常务委员会第三十次会议《关于修改〈中华人民共和国商标法〉的决定》进行了第一次修正，根据 2001 年 10 月 27 日第九届全国人民代表大会常务委员会第二十四次会议《关于修改〈中华人民共和国商标法〉的决定》进行了第二次修正，根据 2013 年 8 月 30 日第十二届全国人民代表大会常务委员会第四次会议《关于修改〈中华人民共和国商标法〉的决定》进行了第三次修正，据 2019 年 4 月 23 日第十三届全国人民代表大会常务委员会第十次会议《关于修改〈中华人民共和国建筑法〉等八部法律的决定》第四次修正。

为了营造法治化、国际化、便利化的营商环境，配合外商投资法实施，2019 年 4 月 23 日商标法进行了第四次修正。本次修正的主要内容：一是为规制恶意申请、囤积注册等行为，增加规制恶意注册的内容。增强注册申请人的使用义务，在第四条第一款中增加了"不以使用为目的的恶意商标注册申请，应当予以驳回"的规定；增加商标代理机构的义务，在第十九条第三款中增加了商标代理机构知道或者应当知道委托人申请注册商标属于"不以使用为目的的恶意商标注册申请"情形的，不得接受其委托的规定；将规制恶意注册关口前移，在第三十三条、第四十四条第一款中增加规定，将不以使用为目的恶意申请商标注册、商标代理机构违法申请或者接受委托申请商标注册一起纳入异议程序和无效宣告程序中，作为提出商标异议、宣告注册商标无效的事由；同时，在第六十八条中对商标代理机构不以使用为目的恶意申请商标注册、明知委托人不以使用为目的申请商标注册还接受委托行为，以及恶意申请商标注册行为规定了行政处罚。二是加大对侵犯商标专用权行为惩罚力度。对侵犯商标专用权行为，在第六十三条第一款、第三款中，将恶意侵犯商标专用权的侵权赔偿数额计算倍数由一倍以上三倍以下提高到一倍以上五倍以下，并将法定赔偿数额上限从三百万元提高到五百万元，以给予权利人更加充分的补偿。对假冒注册商标的商品以及主要用于制造假冒注册商标的商品的材料、工具加大处置力度，在第六十三条中增加两款作为第四款、第五款，规定人民法院审理商标纠纷案件，应权利人请求，对属于假冒注册商标的商品，除特殊情况外，责令销毁；对主要用于制造假冒注册商标的商品的材料、工具，责令销毁，且不予补偿；或者在特殊情况下，责令禁止前述材料、工具进入商业渠道，且不予补偿。假冒注册商标的商品不得在仅去除假冒注册商标后进入商业渠道。

此外，为做好与其他法律的衔接，实施日期为公布之日起六个月后。

《商标法》是我国进行商标管理的基本依据，通过规定商标保护的基本原则；商标注册的申请；商标注册的审查和核准；注册商标的续展、变更、转让和使用许可；注册商标的无效宣告；商标使用的管理；注册商标专用权的保护等方面的内容，确立了我国商标基本制度，把商标管理纳入了法制的轨道。随着《商标法实施条例》、《集体商标、证明商标注册和管理办法》、《驰名商标认定和保护规定》及《最高人民法院关于审理商标民事纠纷案件适用法律若干问题的解释》等行政法规、规章及司法解释的公布和施行，逐渐形成了我国比较完善的商标管理法律体系。

而近年来，随着我国社会经济的迅速发展，商标立法执法也在不断跟进。《律师事务所从事商标代理业务管理办法》、《商标代理机构备案办理须知》进一步规范了商标代理主体及其行为；而《最高人民法院关于审理涉及驰名商标保护的民事纠纷案件应用法律若干问题的解释》为当事人解决驰名商标的纠纷提供了更具体的依据。

我国《商标法》主要保护注册商标权人的专用权，保护范围包括商品商标、服务商标和集体商标、证明商标。虽然《商标法》的主要目的是保护注册商标权人的利益，但这一目的，又首先要通过保护消费者的利益去实现，因此，《商标法》、《消费者权益保护法》与《反不正当竞争法》存在交叉。对于可以获得注册、从而享有商标权的标识，法律首先要求其具有"识别性"。只有具有识别性的标识，才能把来自不同厂家的相同商品区分开。这是商标的主要功能。

实践中，许多人对商标的重视程度远远低于其他知识产权。其实，一个商标，从权利人选择标识起，就不断有创造性的智力劳动投入；而后商标信誉的不断提高，也主要靠经营者的营销方法、为提高质量及更新产品而投入的技术含量等等一系列创造性劳动成果。因此，即使是企业的初级产品，也应当带着商标在市场上出现——经营者在经营有形货物的同时，自己的商标也会不断增值，而一旦有形货物不幸丧失，至少自己的商标仍有价值。

目　　录

中华人民共和国商标法

第一章　总　　则

第二章　商标注册的申请

第三章　商标注册的审查和核准

第四章　注册商标的续展、变更、转让和使用许可

第七章　注册商标专用权的保护

第八章 附 则

配 套 法 规

一、综 合

实 用 附 录

中华人民共和国商标法

(1982 年 8 月 23 日第五届全国人民代表大会常务委员会第二十四次会议通过　根据 1993 年 2 月 22 日第七届全国人民代表大会常务委员会第三十次会议《关于修改〈中华人民共和国商标法〉的决定》第一次修正　根据 2001 年 10 月 27 日第九届全国人民代表大会常务委员会第二十四次会议《关于修改〈中华人民共和国商标法〉的决定》第二次修正　根据 2013 年 8 月 30 日第十二届全国人民代表大会常务委员会第四次会议《关于修改〈中华人民共和国商标法〉的决定》第三次修正　根据 2019 年 4 月 23 日第十三届全国人民代表大会常务委员会第十次会议《关于修改〈中华人民共和国建筑法〉等八部法律的决定》第四次修正)

目　录

第一章　总　　则

第一条　【立法宗旨】① 为了加强商标管理，保护商标专用权，促使生产、经营者保证商品和服务质量，维护商标信誉，以保障消费者和生产、经营者的利益，促进社会主义市场经济的发展，特制定本法。

注解

本条是关于商标法立法宗旨的规定。

立法宗旨即立法目的，指立法者希望通过立法所达到的社会效果。本法的立法宗旨有五：（1）加强商标管理。（2）保护商标专用权，这是商标法的核心内容。（3）促使生产、经营者保证商品和服务质量，维护商标信誉。（4）保障消费者和生产、经营者的利益。（5）促进社会主义市场经济的发展，是商标法的总目的、总原则。

第二条　【行政主管部门】国务院工商行政管理部门商标局主管全国商标注册和管理的工作。

国务院工商行政管理部门设立商标评审委员会，负责处理商标争议事宜。

注解

商标局主要职责为：承担商标审查注册、行政裁决等具体工作；参与商标法及其实施条例、规章、规范性文件的研究制定；参与规范商标注册行为；参与商标领域政策研究；参与商标信息化建设、商标信息研究分析和传播利用工作；承担对商标审查协作单位的业务指导工作；组织商标审查队伍的教育和培训；完成国家知识产权局交办的其他事项。

---

① 条文主旨为编者所加，下同。

第三条 　**【商标专用权的取得与保护】** 经商标局核准注册的商标为注册商标，包括商品商标、服务商标和集体商标、证明商标；商标注册人享有商标专用权，受法律保护。

本法所称集体商标，是指以团体、协会或者其他组织名义注册，供该组织成员在商事活动中使用，以表明使用者在该组织中的成员资格的标志。

本法所称证明商标，是指由对某种商品或者服务具有监督能力的组织所控制，而由该组织以外的单位或者个人使用于其商品或者服务，用以证明该商品或者服务的原产地、原料、制造方法、质量或者其他特定品质的标志。

集体商标、证明商标注册和管理的特殊事项，由国务院工商行政管理部门规定。

注 解

本条是关于注册商标及其分类，以及商标专用权受法律保护的规定。

商标是一种能将商品或者服务的来源区别开来的标志，生产、经营者可以自行决定是否采用商标，以表示某一项产品或者服务来自于自己。在商标自愿注册原则下，商标有注册商标与未注册商标之分。注册商标是指需要使用或者准备使用商标的生产、经营者，依照法定的条件和程序，向商标局申请商标注册，经商标局审查核准后予以注册的商标。注册商标可以比未注册商标获得更全面的保护。

应 用

1. 商标通常可分为哪几类

商品商标是最常用的商标，是指商品的生产者或经营者为了将自己生产或经营的商品与他人生产或经营的商品区别开来，而使用的文字、图形、字母、数字、三维标志、颜色组合、声音等，以及上述要素组合的标志。

服务商标是指提供服务的经营者为了将自己提供的服务与他人提供的服务区别开来，而使用的文字、图形、字母、数字、三维标志、颜色组合、声音等，以及上述要素组合的标志。

服务商标用以标示和区别无形商品即服务、劳务,使用者多为从事餐饮、宾馆、娱乐、旅游、广告等服务的经营者;若无特别规定,商标法关于商品商标的规定,适用于服务商标。

集体商标是指以团体、协会或者其他组织名义注册,供该组织成员在商事活动中使用,以表明使用者在该组织中的成员资格的标志。

证明商标是指由对某种商品或者服务具有监督能力的组织所控制,而由该组织以外的单位或者个人使用于其商品或者服务,用以证明该商品或者服务的原产地、原料、制造方法、质量或者其他特定品质的标志。

2. 哪些属于服务商标侵权行为

根据《国家工商行政管理局商标局关于保护服务商标若干问题的意见》的规定,下列行为,属于服务商标侵权行为:(1)在相同或者类似服务上,擅自使用与他人服务商标相同或者近似的服务商标的;(2)在相同或者类似服务上,擅自将与他人服务商标相同或者近似的文字作为服务名称使用,并足以造成误认的;(3)伪造、擅自制造他人服务商标标识或者销售伪造、擅自制造的他人服务商标标识的;上述行为主要是指伪造、擅自制造或者销售伪造、擅自制造的该服务行业所使用的、带有他人服务商标标识的物品(如餐饮业的餐具等);(4)利用广告、宣传媒介或者其他引导消费的手段,擅自使用与他人服务商标相同或者近似的服务商标,并足以造成误认的;(5)故意为侵权人实施侵权行为提供场所、工具、辅助设备、服务人员、介绍客户(消费者)等便利条件的;或者为侵权人提供仓储、运输、邮寄、隐匿带有服务商标标识的物品等便利条件的。

3. 如何界定服务商标的使用

根据《国家工商行政管理局商标局关于保护服务商标若干问题的意见》的规定,在下列情形中使用服务商标,视为服务商标的使用:(1)服务场所;(2)服务招牌;(3)服务工具;(4)带有服务商标的名片、明信片、赠品等服务用品;(5)带有服务商标的账册、发票合同等商业交易文书;(6)广告及其他宣传品;(7)为提供服务所使用的其他物品。

他人正常使用服务行业惯用的标志,以及以正常方式使用商号(字号)、姓名、地名、服务场所名称,表示服务特点,对服务事项进行说明等,不构成侵犯服务商标专用权行为,但具有明显不正当竞争意图的除外。

配 套

《集体商标、证明商标注册和管理办法》

第四条 【商标注册申请】自然人、法人或者其他组织在生产经营活动中，对其商品或者服务需要取得商标专用权的，应当向商标局申请商标注册。不以使用为目的的恶意商标注册申请，应当予以驳回。

本法有关商品商标的规定，适用于服务商标。

注 解

本条是关于商标注册主体、注册范围、注册原则、规制恶意申请的规定，以及服务商标适用法律的规定。

在我国，获得商标专用权的原则是注册取得制度为主，驰名取得为辅；自愿注册制度为主，强制注册制度为辅。使用注册商标，可以在商品、商品包装、说明书或者其他附着物上标明"注册商标"或者注册标记。注册标记包括⊕和®使用注册标记，应当标注在商标的右上角或者右下角。

为规制恶意申请、囤积注册等行为，2019 年商标法修改时，增加规制恶意注册的内容。增强注册申请人的使用义务，在本条第一款中增加了"不以使用为目的的恶意商标注册申请，应当予以驳回"的规定。

配 套

《商标法实施条例》第 63 条

第五条 【商标专用权的共有】两个以上的自然人、法人或者其他组织可以共同向商标局申请注册同一商标，共同享有和行使该商标专用权。

注 解

本条是关于注册商标共有的规定。

根据《民法典》的规定，不动产或者动产可以由两个以上组织、个人共有。共有包括按份共有和共同共有。按份共有人对共有的不动产或者动产按照其份额享有所有权。共同共有人对共有的不动产或者动产共同享有所有权。商标权作为民事财产权,当然也可以由两个以上权利人共有。共有商标是指两个以上主体共同申请注册商标,共同享有商标专用权。共有商标的理论基础是民事财产共有制度。

根据《商标法实施条例》的规定,共同申请注册同一商标的,应当在申请书中指定一个代表人;没有指定代表人的,以申请书中顺序排列的第一人为代表人。

应用

4. 共有商标有哪些基本特征

共有商标的基本特征主要包括:(1)主体是两个以上的权利人。(2)客体是一个注册商标,即数个权利人共同拥有一项法定权利。(3)共有商标的数个主体共同享有和行使该商标专用权,具体办法原则上适用民事共有的有关规则。

配套

《民法典》第297-310条;《商标法实施条例》第16条

第六条 【必须使用注册商标的商品】法律、行政法规规定必须使用注册商标的商品,必须申请商标注册,未经核准注册的,不得在市场销售。

注解

本条是关于商标强制注册的特别规定。

商标自愿注册原则是商标法的基本原则,即生产、经营者使用商标不以该商标已经注册为前提,是否申请注册,由生产、经营者根据自身的需要决定。但对于某些需要特别强调来源的商品,法律、行政法规可以要求其必须使用注册商标,这时,商标使用人必须申请商标注册,经核准注册后使用;未经核准注册的,该商品不得在市场上销售。这就形成了商标强制注册。商标强制注册是商标自愿注册原则的例外。

需要进行强制注册的商品范围由法律或者行政法规规定。目前,必须使用注册商标的商品只有烟草制品类。《烟草专卖法》第19条第1款规定,卷烟、雪茄烟和有包装的烟丝必须申请商标注册，未经核准注册的，不得生产、销售。

配套

《烟草专卖法》第 19 条

第七条　【申请注册和使用商标应当遵循诚实信用原则】申请注册和使用商标，应当遵循诚实信用原则。

商标使用人应当对其使用商标的商品质量负责。各级工商行政管理部门应当通过商标管理，制止欺骗消费者的行为。

注解

诚实信用原则，是指自然人、法人和其他组织在申请商标注册和使用商标过程中，必须意图诚实、善意、讲信用，行使权利时不侵害他人与社会的利益，履行义务时信守承诺和法律规定。在商标使用过程中，遵循诚实信用原则，就是要求商标使用人应当对其使用商标的商品质量负责。

第八条　【商标的构成要素】任何能够将自然人、法人或者其他组织的商品与他人的商品区别开的标志，包括文字、图形、字母、数字、三维标志、颜色组合和声音等，以及上述要素的组合，均可以作为商标申请注册。

注解

商标的构成要素，主要有 8 种：第一，文字。所谓文字，是指语言的书面形式。文字作为商标构成要素，包括各种文字以及各种字体的文字、各种在艺术上有所变化的文字。文字在人们的生活中十分重要，是注册商标的最常见的要素之一。第二，图形。所谓图形，是指在平面上表示出来的物体的形状。图形可以是具体描绘实际存在的人、物的形状，也可以是虚构的图形，还可以是抽象的图形。由于图形的表现力很强，可以鲜明地表现出可区别性，图形是注册商标的另一个最常见的要素。第三，字母。所谓字母，是指拼音文字或者注音符号的最小的书写单位。字母可识性强，在生活中应用广泛，字母是注册商标的又一个最常见的要素，如 K。第四，数字。所谓数字，是指表示数目的符号。数字在生活中十分常用，是注册商标的要素之一。第五，三维标志。所谓三维标志，是指以一个具有长、宽、高三种度量的立体物质形态出现的标志。三维标志与二维标志有所不同，比二维标志具有更强的视觉冲击力，更能识别商品或服务的出处。三维标志也是注册商标的要素之一。第六，颜色组合。所谓颜色组合，是指两种或者两种以上的颜色所组成一个整体。在现实中，颜色缤纷丰富，颜色的组合可以成为识别商品来源的显著标志。颜色组合是注册商标的要素之一。颜色作为注册商标的要素，是颜色组合，而不是单一颜色。第七，声音。所谓声音，是指声波通过听觉所产生的印象。声音作为注册商标的要素，是2013年修改《商标法》时新增加的内容，是根据实际需要和国际商标领域的发展趋势而增加的。今后自然人、法人或者其他组织可以将声音作为商标申请注册。第八，上述要素的组合。上述要素不仅可以单独作为商标申请注册，而且由于其中任意两种或者两种以上的要素相互组成的一个整体，都可以成为识别商品来源的标志，所以上述要素的组合也可以作为商标申请注册。

第九条　【申请注册的商标应具备的条件】 申请注册的商标，应当有显著特征，便于识别，并不得与他人在先取得的合法权利相冲突。

商标注册人有权标明"注册商标"或者注册标记。

注　解

本条是关于申请注册和使用商标应当遵循的基本原则的规定。

商标是用于识别商品或者服务来源的标志，应当具备帮助消费者将其所代表的生产经营者的商品或者服务同其他生产经营者的商品或者服务区分开来的能力，这就是商标的显著特征。商标显著特征有强弱之分，与构成商标的标志本身、商标指定使用商品、商标指定使用商品的相关公众的认知习惯、商标指定使用商品所属行业的实际使用情况等因素都有关系。不具有显著特征的标志，不得作为商标申请注册。

作为商标申请注册的标志，可能同时存在其他合法权利，如著作权、外观设计专利权等。为防止不同权利之间的冲突，避免在商标注册中产生侵权行为，商标法专门作出规定，申请注册的商标不得与他人在先取得的合法权利，如商号权、著作权、外观设计专利权、姓名权、肖像权等相冲突。

对已经注册的商标，商标注册人可以在该商标上标明注册标记，以标示该商标为注册商标。

应 用

5. 如何解决现实生活中"傍名牌"的问题

在实际中，有的个人和企业为了牟取不正当利益，采取"傍名牌"的手法，将他人注册商标或者未注册的驰名商标，作为自己企业名称中的字号使用，以达到其提升知名度、增加交易机会、吸引消费者、推销商品的目的。这类行为一方面会侵占他人长期经营品牌商品形成的市场份额，影响他人的正常经营；另一方面，由于这类行为采取了"移花接木"的方式不正当使用他人注册商标和未注册的驰名商标，其商品品质往往难以与已有商标使用的商品相比，消费者容易受误导而权益受损。因此，商标法明确了对这类行为依照不正当竞争行为进行处理。

6. 如何认定商标的显著特征

根据《最高人民法院关于审理商标授权确权行政案件若干问题的规定》，人民法院审查诉争商标是否具有显著特征，应当根据商标所指定使用商品的相关公众的通常认识，判断该商标整体上是否具有显著特征。商标标志中含有描述性要素，但不影响其整体具有显著特征的；或者描述性标志以独特方式加以表现，相关公众能够以其识别商品来源的，应当认定其具有显著特征。

诉争商标为外文标志时，人民法院应当根据中国境内相关公众的通常认识，对该外文商标是否具有显著特征进行审查判断。标志中外文的固有含义可能影响其在指定使用商品上的显著特征，但相关公众对该固有含义的认知程度较低，能够以该标志识别商品来源的，可以认定其具有显著特征。

仅以商品自身形状或者自身形状的一部分作为三维标志申请注册商标，相关公众一般情况下不易将其识别为指示商品来源标志的，该三维标志不具有作为商标的显著特征。该形状系申请人所独创或者最早使用并不能当然导致其具有作为商标的显著特征。上述所称标志经过长期或者广泛使用，相关公众能够通过该标志识别商品来源的，可以认定该标志具有显著特征。

配套

《商标法实施条例》第 63 条；《最高人民法院关于审理注册商标、企业名称与在先权利冲突的民事纠纷案件若干问题的规定》

第十条 【禁止作为商标使用的标志】下列标志不得作为商标使用：

（一）同中华人民共和国的国家名称、国旗、国徽、国歌、军旗、军徽、军歌、勋章等相同或者近似的，以及同中央国家机关的名称、标志、所在地特定地点的名称或者标志性建筑物的名称、图形相同的；

（二）同外国的国家名称、国旗、国徽、军旗等相同或者近似的，但经该国政府同意的除外；

（三）同政府间国际组织的名称、旗帜、徽记等相同或者近似的，但经该组织同意或者不易误导公众的除外；

（四）与表明实施控制、予以保证的官方标志、检验印记相同或者近似的，但经授权的除外；

（五）同"红十字"、"红新月"的名称、标志相同或者近似的；

（六）带有民族歧视性的；

（七）带有欺骗性，容易使公众对商品的质量等特点或者产地产生误认的；

（八）有害于社会主义道德风尚或者有其他不良影响的。

县级以上行政区划的地名或者公众知晓的外国地名，不得作为商标。但是，地名具有其他含义或者作为集体商标、证明商标组成部分的除外；已经注册的使用地名的商标继续有效。

注解

商标是用以区别不同生产经营者所提供的商品或者服务的标志，但不是所有的标志都可以作为商标使用。有关国际公约和许多国家的商标法都对不能作为商标使用的标志作了规定。如《保护工业产权巴黎公约》第六条之三规定，"本公约成员国的国旗、国徽、表明实施国家管制和保证的官方标志、检验印记及政府间国际组织的标志等均不得作为商标注册和使用。"

本条规定既适用于注册商标，也适用于非注册商标。对正在申请注册的商标违反本条规定的，将依法驳回申请；对已经注册的，将依法宣告无效。

中华人民共和国的国家名称，包括全称、简称和缩写。我国国家名称的全称是中华人民共和国，简称为中国、中华，英文简称或者缩写为 CN、CHN、PRC、CHINA、PRCHINA、PR OF CHINA。同中华人民共和国的国家名称等"相同或者近似"，是指商标标志整体上与国家名称等相同或者近似。对于含有中华人民共和国的国家名称等，但整体上并不相同或者不相近似的标志，如果该标志作为商标注册可能导致损害国家尊严的，人民法院可以认定属于商标法第十条第一款第（八）项规定的情形。国旗是五星红旗。国徽的中间是五星照耀下的天安门，周围是谷穗和齿轮。国歌是《义勇军进行曲》。军旗是中国人民解放军的八一军旗，军旗为红底，左上角缀金黄色五角星和"八一"两字。军徽包括陆军军徽、海军军徽和空军军徽。军歌是《中国人民解放军进行曲》。勋章是国家有关部门授给对国家、社会有贡献的人或者组织的表示荣誉的证章。中央国家机关的名称、标志包括所有中央国家机关名称、标志。中央国家机关所在地特定地点或者标志性建筑物包括中南海、天安门、新华门、紫光阁、怀仁堂、人民大会堂等。

外国的国家名称，包括中文和外文的全称、简称和缩写。国旗是指由国家正式规定的代表本国的旗帜。国徽是由国家正式规定的代表本国的标志。军旗是国家正式规定的代表本国军队的旗帜。

政府间国际组织，是指由若干国家和地区的政府为了特定目的通过条约或者协议建立的有一定规章制度的团体。如联合国、世界贸易组织、欧洲联盟、非洲统一组织、世界知识产权组织等。国际组织的名称，包括全称、简称或者缩写。例如，联合国的英文全称为 United Nations，缩写为 UN；欧洲联盟的中文简称为欧盟，英文全称为 European Union，缩写为 EU。

官方标志、检验印记，是指官方机构用以表明其对商品质量、性能、成分、原料等实施控制、予以保证或者进行检验的标志或印记。表明实施控制、予以保证的官方标志、检验印记是政府履行职责，对所监管事项作出的认可和保证，具有国家公信力，不宜作为商标使用，否则，将对社会造成误导，使这种公信力大打折扣。

"红十字"标志是国际人道主义保护标志，是武装力量医疗机构的特定标志，是红十字会的专用标志。"红新月"是阿拉伯国家和部分伊斯兰国家红新月会专用的、性质和功能与红十字标志相同的标志。红十字标志是白底红十字；红新月标志是向右弯曲或者向左弯曲的红新月。根据有关红十字会和红新月会的国际条约的规定，"红十字"、"红新月"的名称和标志不得用于与两会宗旨无关的活动。

民族歧视性，是指商标的文字、图形或者其他构成要素带有对特定民族进行丑化、贬低或者其他不平等看待该民族的内容。

带有欺骗性，容易使公众对商品的质量等特点或者产地产生误认的标志，会误导消费者，使其在错误认识的基础上进行消费，其利益也就会由此受到损害。

社会主义道德风尚，是指我国人们共同生活及其行为的准则、规范以及在一定时期内社会上流行的良好风气和习惯。所谓其他不良影响，是指商标的文字、图形或者其他构成要素对我国政治、经济、文化、宗教、民族等社会公共利益和公共秩序产生消极的、负面的影响。商标标志或者其构成要素可能对我国社会公共利益和公共秩序产生消极、负面影响的，人民法院可以认定其属于本条规定的"其他不良影响"。将政治、经济、文化、宗教、民族等领域公众人物姓名等申请注册为商标，也属于本条所指的"其他不良影响"。

应　用

7. 不得作为商标的地方有哪些

一是我国县级以上行政区划的地名，不得作为商标。所谓县级以上行政区划，包括县级的县、自治县、县级市、市辖区；地级的市、自治州、地区、盟；省级的省、直辖市、自治区；两个特别行政区即香港、澳门；台湾地区。县级以上行政区划的地名以我国民政部编辑出版的《中华人民共和国行政区划简册》为准。县级以上行政区划地名，包括全称、简称以及县级以上的省、自治区、直辖市、省会城市、计划单列市、著名的旅游城市的拼音形式。

二是公众知晓的外国地名，不得作为商标。所谓公众知晓的外国地名，是指我国公众知晓的我国以外的其他国家和地区的地名。外国地名包括全称、简称、外文名称和通用的中文译名。

商标标志由县级以上行政区划的地名或者公众知晓的外国地名和其他要素组成，如果整体上具有区别于地名的含义，人民法院应当认定其不属于商标法第十条第二款所指情形。

8. 地名可作为商标的例外情形有哪些

根据《商标法》第10条第2款的规定，下列三种情形，地名可作为商标：一是地名具有其他含义。所谓地名具有其他含义，是指地名作为词汇具有确定含义且该含义强于作为地名的含义，不会误导公众。二是地名作为集体商标、证明商标的组成部分。三是已经注册的使用地名的商标，依法继续有效。

9. 如何理解"同中华人民共和国的国家名称相同或者相似"

根据《中华人民共和国商标法》第10条第1款第（一）项的规定，同中华人民共和国的国家名称相同或者近似的标志不得作为商标使用。此处所称"同中华人民共和国的国家名称相同或者相似"，是指该标志作为整体同我国国家名称相同或者近似。如果该标志含有与我国国家名称相同或者近似的文字，但其与其他要素相结合，作为一个整体已不再与我国国家名称构成相同或者近似的，不宜认定为同中华人民共和国国家名称相同或者近似的标志。（最高人民法院行政判决书（2010）行提字第4号：劲牌有限公司与国家工商行政管理总局商标评审委员会商标驳回复审行政纠纷案）

第十一条　【不得作为商标注册的标志】 下列标志不得作为商标注册：

（一）仅有本商品的通用名称、图形、型号的；

（二）仅直接表示商品的质量、主要原料、功能、用途、重量、数量及其他特点的；

（三）其他缺乏显著特征的。

前款所列标志经过使用取得显著特征，并便于识别的，可以作为商标注册。

> **注 解**

可识别性是商标的基本特征。生产、经营者通过商标推介自己的商品和服务，消费者通过商标区别不同生产、经营者的商品和服务。如果商标不具有显著特征，就无法实现商标的功能，也就无法作为商标申请注册。商标显著特征的判定应当综合考虑构成商标的标志本身（含义、呼叫和外观构成）、商标指定使用商品、商标指定使用商品的相关公众的认知习惯、商标指定使用商品所属行业的实际使用情况等因素。

应 用

10. 如何认定商品通用名称的广泛性、规范性

商品通用名称应当具有广泛性、规范性。对于具有地域性特点的商品通用名称，判断其是否具有广泛性，应以特定产区及相关公众的接受程度为标准，而不应以是否在全国范围内广泛使用为标准；判断其是否具有规范性，应当以相关公众的一般认识及其指代是否明确为标准。对于约定俗成、已为相关公众认可的名称，即使其不尽符合相关科学原理，亦不影响将其认定为通用名称。（《最高人民法院公报》2010 年第 1 期：山东鲁锦实业有限公司诉鄄城县鲁锦工艺品有限责任公司、济宁礼之邦家纺有限公司侵犯注册商标专用权及不正当竞争纠纷案）

第十二条　【以三维标志作为注册商标的特殊要求】以三维标志申请注册商标的，仅由商品自身的性质产生的形状、为获得技术效果而需有的商品形状或者使商品具有实质性价值的形状，不得注册。

注 解

本条是关于三维标志申请注册商标的限制条件的规定。

以三维标志申请注册商标与平面商标一样，也要具有显著特征，便于识别。不具有显著特点的三维标志，不得注册为商标。

应 用

11. 如何认定特有包装、装潢

盛装或者保护商品的容器等包装，以及在商品或者其包装上附加的文字、图案、色彩及其排列组合所构成的装潢，在其能够区别商品来源时，即属于反不正当竞争法保护的特有包装、装潢。该受保护的整体形象设计不同

于三维标志性的立体商标，不影响相关部门对于有关立体商标可注册性的独立判断。（《最高人民法院公报》2008 年第 6 期：意大利费列罗公司与蒙特莎（张家港）食品有限公司、天津经济技术开发区正元行销有限公司不正当竞争纠纷案）

第十三条　【驰名商标的保护】 为相关公众所熟知的商标，持有人认为其权利受到侵害时，可以依照本法规定请求驰名商标保护。

就相同或者类似商品申请注册的商标是复制、摹仿或者翻译他人未在中国注册的驰名商标，容易导致混淆的，不予注册并禁止使用。

就不相同或者不相类似商品申请注册的商标是复制、摹仿或者翻译他人已经在中国注册的驰名商标，误导公众，致使该驰名商标注册人的利益可能受到损害的，不予注册并禁止使用。

注解

驰名商标，是指为相关公众所熟知的商标。认定商标是否驰名，主要应当考虑其在相关公众中的知晓程度，而非所有公众中的知晓程度。驰名商标保护制度设立的目的，主要是为弥补商标注册制度的不足，对相关公众所熟知的商标在其未注册的部分领域提供保护（对未注册驰名商标提供保护、扩大已经注册的驰名商标的保护范围），制止他人复制模仿、傍名牌的不正当竞争行为，防止消费者对商品来源产生混淆。

本条从两个方面对驰名商标的保护做出明确规定，对未在我国注册的驰名商标和已在我国注册的驰名商标保护范围有所不同。

驰名商标认定遵循个案认定、被动保护的原则。

配套

《商标法实施条例》第 3、72 条；《最高人民法院关于审理商标民事纠纷案件适用法律若干问题的解释》第 2 条；《驰名商标认定和保护规定》第 2、5 条；《最高人民法院关于审理涉及驰名商标保护的民事纠纷案件应用法律若干问题的解释》

第十四条　【驰名商标的认定】驰名商标应当根据当事人的请求，作为处理涉及商标案件需要认定的事实进行认定。认定驰名商标应当考虑下列因素：

（一）相关公众对该商标的知晓程度；

（二）该商标使用的持续时间；

（三）该商标的任何宣传工作的持续时间、程度和地理范围；

（四）该商标作为驰名商标受保护的记录；

（五）该商标驰名的其他因素。

在商标注册审查、工商行政管理部门查处商标违法案件过程中，当事人依照本法第十三条规定主张权利的，商标局根据审查、处理案件的需要，可以对商标驰名情况作出认定。

在商标争议处理过程中，当事人依照本法第十三条规定主张权利的，商标评审委员会根据处理案件的需要，可以对商标驰名情况作出认定。

在商标民事、行政案件审理过程中，当事人依照本法第十三条规定主张权利的，最高人民法院指定的人民法院根据审理案件的需要，可以对商标驰名情况作出认定。

生产、经营者不得将"驰名商标"字样用于商品、商品包装或者容器上，或者用于广告宣传、展览以及其他商业活动中。

注解

　　商标是否为相关公众所熟知，是客观存在的事实状态；商标局、商标评审委员会、人民法院对商标驰名情况作出认定，是对这种事实状态的确认，而非对商标持有人的授权。商标因为其本身驰名而获得认定，而非因为认定而变得驰名。因此，驰名商标认定是事实认定。应当注意的是，商标驰名情况不是固定不变的，原本不驰名的商标可能通过长时间的使用、广告宣传而变得驰名，原本驰名的商标也可能因为市场的发展变化而变得不再驰名。因此，商标是否驰名，应当在个案中作出认定，有关主管机关在特定案件中认定驰名商标，也仅在该案件中具有意义，一个商标在一个案件中被认定驰名，并不必然表明其在另一个案件中也会被认定驰名。

当事人依照本条规定请求驰名商标保护时，可以提供该商标曾在我国作为驰名商标受保护的记录。当事人请求驰名商标保护的范围与已被作为驰名商标予以保护的范围基本相同，且对方当事人对该商标驰名无异议，或者虽有异议，但异议理由和提供的证据明显不足以支持该异议的，商标局、商标评审委员会、商标违法案件立案部门可以根据该保护记录，结合相关证据，给予该商标驰名商标保护。

应 用

12. 认定商标驰名的证据材料有哪些

本条第 1 款规定了认定驰名商标应当考虑的因素，根据《驰名商标认定和保护规定》，以下材料可以作为证明符合本条第 1 款规定的证据材料：

（1）证明相关公众对该商标知晓程度的材料。

（2）证明该商标使用持续时间的材料，如该商标使用、注册的历史和范围的材料。该商标为未注册商标的，应当提供证明其使用持续时间不少于五年的材料。该商标为注册商标的，应当提供证明其注册时间不少于三年或者持续使用时间不少于五年的材料。

（3）证明该商标的任何宣传工作的持续时间、程度和地理范围的材料，如近三年广告宣传和促销活动的方式、地域范围、宣传媒体的种类以及广告投放量等材料。

（4）证明该商标曾在中国或者其他国家和地区作为驰名商标受保护的材料。

（5）证明该商标驰名的其他证据材料，如使用该商标的主要商品在近三年的销售收入、市场占有率、净利润、纳税额、销售区域等材料。

前述所称"三年"、"五年"，是指被提出异议的商标注册申请日期、被提出无效宣告请求的商标注册申请日期之前的三年、五年，以及在查处商标违法案件中提出驰名商标保护请求日期之前的三年、五年。

13. 如何对驰名商标进行认定

被控侵权人在不相同或者不相类似的商品上使用驰名商标，足以使相关公众认为被诉商标与驰名商标具有相当程度的联系，减弱驰名商标的显著性，应对驰名商标给予跨类保护；认定部分商标驰名已足以保护注册商标人的合法权益，无需再对其余商标是否驰名作出认定；认定驰名商标应以被诉侵犯商标权或者不正当竞争行为发生时，其商标是否驰名为判断标准。(《最高人民法院公报》2012年第8期：株式会社尼康诉浙江尼康电动车业有限公司等侵犯注册商标专用权及不正当竞争纠纷案)

配套

《商标法实施条例》第3、72条；《驰名商标认定和保护规定》；《最高人民法院关于审理商标民事纠纷案件适用法律若干问题的解释》第8、22条；《最高人民法院关于审理涉及驰名商标保护的民事纠纷案件应用法律若干问题的解释》

第十五条 【恶意注册他人商标】 未经授权，代理人或者代表人以自己的名义将被代理人或者被代表人的商标进行注册，被代理人或者被代表人提出异议的，不予注册并禁止使用。

就同一种商品或者类似商品申请注册的商标与他人在先使用的未注册商标相同或者近似，申请人与该他人具有前款规定以外的合同、业务往来关系或者其他关系而明知该他人商标存在，该他人提出异议的，不予注册。

注解

本条是关于禁止恶意抢先注册他人商标的规定。

我国商标法以注册原则为基础，主要保护注册商标专用权。但是，绝对的注册原则也存在一定弊端，例如，这一原则无法阻止个别不法分子违背诚实信用原则，明知他人已经使用特定商标而恶意抢先注册，使他人无法继续使用该商标，不正当利用该商标已经积累起来的商业信誉，甚至胁迫他人花钱购买其注册的商标。对这种情形，如果不予制止，则可能损害正当生产经营者和消费者的合法权益。因此，本条对两种最典型的恶意抢注行为作了禁止性规定。

应用

14. 如何界定"被代理人的商标"

当事人双方同时签订了销售合同和定制产品销售合同，虽然存在经销关系，但诉争商标图样、产品设计等均由代理人一方提出，且定制产品销售合同明确约定被代理人未经代理人授权不得使用定制产品的产品概念、广告用语等，在被代理人没有在先使用行为的情况下，不能认定诉争商标为商标法第十五条所指的"被代理人的商标"。(指导案例 162 号：重庆江小白酒业有限公司诉国家知识产权局、第三人重庆市江津酒厂（集团）有限公司商标权无效宣告行政纠纷案)

第十六条　【地理标志】商标中有商品的地理标志，而该商品并非来源于该标志所标示的地区，误导公众的，不予注册并禁止使用；但是，已经善意取得注册的继续有效。

前款所称地理标志，是指标示某商品来源于某地区，该商品的特定质量、信誉或者其他特征，主要由该地区的自然因素或者人文因素所决定的标志。

`应用`

15. 什么是地理标志

所谓地理标志，按照《与贸易有关的知识产权协定》第 22 条第 1 款的规定，系指下列标志：其标示出某商品来源于某成员地域内，或来源于该地域中的某个地区或某地方，该商品的特定质量、信誉或者其他特征，主要与该地理来源的自然因素或者人文因素相关联。如来自金华的火腿就与其他地区的火腿在品质上不同。同样是茶叶，产自杭州西湖的龙井茶就享有西湖龙井的美誉。

16. 地理标志的特征有哪些

地理标志具有以下特征：一是，地理标志是实际存在的地理名称，而不是臆造出来的；二是，使用地理标志的商品其真实产地必须是该地理标志所标示的地区，而不是其他地区；三是，只有该地理标志标示地区的生产经营者才能在其商品上使用该地理标志；四是，使用地理标志的商品必须具有特定质量、信誉或者其他特征，而且其特定质量、信誉或者其他特征主要是由该地区的自然因素或者人文因素所决定的；五是，地理标志不是商标，不具有独占性，不能转让。

17. 商标权人以行为人合理使用的原产地域专用标志侵权为由诉至法院会否得到支持

对于因历史原因形成的、含有地名的注册商标，虽然商标权人根据商标法享有商标专用权，但是如果该地名经国家专门行政机关批准实施原产地域产品保护，则被获准使用的民事主体可以在法定范围内使用该原产地域专用标志。商标权人以行为人合法使用的原产地域专用标志侵犯自己的商标专用权为由诉至人民法院，请求侵权损害赔偿的，人民法院不予支持。(《最高人民法院公报》2007 年第 11 期：浙江省食品有限公司诉上海市泰康食品有限公司、浙江永康四路火腿一厂商标侵权纠纷案)

配套

《商标法实施条例》第 4 条；《地理标志产品保护规定》

第十七条 【外国人在中国申请商标注册】外国人或者外国企业在中国申请商标注册的，应当按其所属国和中华人民共和国签订的协议或者共同参加的国际条约办理，或者按对等原则办理。

应用

18. 外国人或者外国企业在我国申请商标注册应遵循哪些原则

外国人或者外国企业在我国申请商标注册的，按照以下原则办理：

一是按协议、条约办理。即按其所属国和中华人民共和国签订的协议或者共同参加的国际条约办理。

二是按对等原则办理。所谓对等原则，是指国家与国家之间、国家与地区之间对某类事情的处理，互相给予对方以彼此同等的待遇。

配套

《商标法实施条例》第 5 条

第十八条 【商标代理】申请商标注册或者办理其他商标事宜，可以自行办理，也可以委托依法设立的商标代理机构办理。

外国人或者外国企业在中国申请商标注册和办理其他商标事宜的，应当委托依法设立的商标代理机构办理。

注 解

商标代理，是指商标代理机构接受委托人的委托，以委托人的名义办理商标注册申请及其他有关商标事宜。商标代理是国际通行规则，适用民法关于代理的规定。

外国人或者外国企业在我国申请商标注册和办理其他商标事宜，应当委托依法设立的商标代理机构办理，这是强制性规定。主要考虑外国人或者外国企业在我国直接申请商标注册和办理其他商标事宜可能存在语言和书件送达障碍，如有些外国人或者外国企业在我国没有固定住所或者工商营业所等。而对于我国公民、企业申请商标注册或办理其他商标事宜，则并未强制要求其委托依法设立的商标代理机构办理。

配 套

《律师事务所从事商标代理业务管理办法》

第十九条　【商标代理机构】商标代理机构应当遵循诚实信用原则，遵守法律、行政法规，按照被代理人的委托办理商标注册申请或者其他商标事宜；对在代理过程中知悉的被代理人的商业秘密，负有保密义务。

委托人申请注册的商标可能存在本法规定不得注册情形的，商标代理机构应当明确告知委托人。

商标代理机构知道或者应当知道委托人申请注册的商标属于本法第四条、第十五条和第三十二条规定情形的，不得接受其委托。

商标代理机构除对其代理服务申请商标注册外，不得申请注册其他商标。

应 用

19. 商标代理机构的义务有哪些

为了保护委托人的合法权益，规范商标代理机构的行为，在2013年修改中，专门增加了商标代理机构的规定。根据本条的规定，商标代理机构的义务，包括以下七个方面：

一是遵循诚实信用原则的义务。法律规定商标代理机构遵循诚实信用原则，就是要求商标代理机构在接受委托、办理商标注册申请或者其他商标事宜的过程中，必须意图诚实、善意、讲信用、相互协作、履行义务、信守承诺和法律规定。

二是遵守法律、行政法规的义务。守法是商标代理机构所有活动中都应当承担的基本义务。履行这一义务不仅要求商标代理机构遵守《商标法》的规定，还要遵守所有现行有效的法律、行政法规的规定，如《民法典》、《商标法实施条例》等的规定。

三是按照委托办理商标注册申请或者其他商标事宜的义务。

四是保密的义务。所谓保密的义务，是指商标代理组织对在代理过程中知悉的被代理人的商业秘密，未经被代理人许可，不得告知他人或者泄露给他人。

五是告知义务。商标代理机构作为办理商标事宜的法律服务机构，具有商标方面的专业知识，熟悉商标事宜的办理业务，了解法律规定商标不得注册的情形。为使委托人在清楚了解相关情形的基础上，作出是否委托商标代理机构办理注册申请的决定，避免委托人产生不必要的损失，规定了该义务。

六是业务禁止的义务。对于知道或者应当知道委托人申请注册的商标属于恶意抢注他人商标或者侵犯他人在先权利的，商标代理机构不得接受委托。

七是不得自行申请注册商标的义务。为防止商标代理机构利用其业务上的优势，自己恶意抢注他人商标牟利，本条第4款规定，商标代理机构除对其代理服务申请商标注册外，不得申请注册其他商标。

第二十条　【商标代理行业组织对会员的管理】商标代理行业组织应当按照章程规定，严格执行吸纳会员的条件，对违反行业自律规范的会员实行惩戒。商标代理行业组织对其吸纳的会员和对会员的惩戒情况，应当及时向社会公布。

注解

商标代理行业组织，是指商标代理机构在平等、自愿基础上，为增进共同利益、实现共同意愿、维护合法权益，依法组织起来并按照其章程开展活动的非营利性、自律性的社会组织。我国的商标代理行业组织有中华商标协会商标代理分会、各地的商标协会商标代理分会等。

应 用

20. 商标代理行业组织的责任包括哪些内容

商标代理行业组织的责任，包括以下三个方面：

一是按照章程规定严格执行吸纳会员的条件。商标代理行业组织只能将符合其章程规定条件的商标代理机构，吸纳为其会员，而不能滥竽充数，将不符合其章程规定条件的商标代理机构吸纳为其会员。

二是按照章程规定对违反行业自律规范的会员实行惩戒。

三是及时向社会公布吸纳的会员和对会员的惩戒情况。所谓向社会公布，是指通过某种方式告知广大社会公众，使广大社会公众知晓。向社会公布的方式包括在报纸、杂志、网络上刊登，在广播、电视上播放等。

第二十一条 【商标国际注册】商标国际注册遵循中华人民共和国缔结或者参加的有关国际条约确立的制度，具体办法由国务院规定。

注 解

商标国际注册，包括以下两个方面的内容：

一是遵循我国缔结或者参加的有关国际条约确立的制度。我国自然人、法人进行商标国际注册，应当遵循我国已经参加的《商标国际注册马德里协定》和《商标国际注册马德里协定有关议定书》及《商标国际注册马德里协定及该协定有关议定书的共同实施细则》的规定办理的马德里商标国际注册。

二是商标国际注册的具体办法由国务院规定。商标国际注册涉及国际条约的履行、当事人权利的保护等一系列问题，法律不可能对此一一作出详尽的规定。为此，商标法专门授权国务院对商标国际注册的具体办法作出规定。

根据《商标法实施条例》第 37 条的规定，以中国为原属国申请商标国际注册的，应当通过商标局向世界知识产权组织国际局申请办理。以中国为原属国的，与马德里协定有关的商标国际注册的后期指定、放弃、注销，应当通过商标局向国际局申请办理；与马德里协定有关的商标国际注册的转让、删减、变更、续展，可以通过商标局向国际局申请办理，也可以直接向国际局申请办理。以中国为原属国的，与马德里议定书有关的商标国际注册的后期指定、转让、删减、放弃、注销、变更、续展，可以通过商标局向国际局申请办理，也可以直接向国际局申请办理。

应用

21. 商标的国际注册

商标国际注册申请人完成了《商标国际注册马德里协定》及其议定书规定的申请商标的国际注册程序，申请商标国际注册信息中记载了申请商标指定的商标类型为三维立体商标的，应当视为申请人提出了申请商标为三维立体商标的声明。因国际注册商标的申请人无需在指定国家再次提出注册申请，故由世界知识产权组织国际局向中国商标局转送的申请商标信息，应当是中国商标局据以审查、决定申请商标指定中国的领土延伸保护申请能否获得支持的事实依据。在申请商标国际注册信息仅欠缺商标法实施条例规定的部分视图等形式要件的情况下，商标行政机关应当秉承积极履行国际公约义务的精神，给予申请人合理的补正机会。（指导案例 114 号：克里斯蒂昂迪奥尔香料公司诉国家工商行政管理总局商标评审委员会商标申请驳回复审行政纠纷案）

配套

《商标法实施条例》第 34-50 条

第二章　商标注册的申请

第二十二条　**【商标注册申请的提出】**商标注册申请人应当按规定的商品分类表填报使用商标的商品类别和商品名称，提出注册申请。

商标注册申请人可以通过一份申请就多个类别的商品申请注册同一商标。

商标注册申请等有关文件，可以以书面方式或者数据电文方式提出。

注 解

本条是关于商标注册申请人应当如何提出商标注册申请的规定。

根据《商标法实施条例》第13条的规定，申请商标注册，应当按照公布的商品和服务分类表填报。每一件商标注册申请应当向商标局提交《商标注册申请书》1份、商标图样1份；以颜色组合或者着色图样申请商标注册的，应当提交着色图样，并提交黑白稿1份；不指定颜色的，应当提交黑白图样。

商标图样应当清晰，便于粘贴，用光洁耐用的纸张印制或者用照片代替，长和宽应当不大于10厘米，不小于5厘米。

以三维标志申请商标注册的，应当在申请书中予以声明，说明商标的使用方式，并提交能够确定三维形状的图样，提交的商标图样应当至少包含三面视图。

以颜色组合申请商标注册的，应当在申请书中予以声明，说明商标的使用方式。

以声音标志申请商标注册的，应当在申请书中予以声明，提交符合要求的声音样本，对申请注册的声音商标进行描述，说明商标的使用方式。对声音商标进行描述，应当以五线谱或者简谱对申请用作商标的声音加以描述并附加文字说明；无法以五线谱或者简谱描述的，应当以文字加以描述；商标描述与声音样本应当一致。

申请注册集体商标、证明商标的，应当在申请书中予以声明，并提交主体资格证明文件和使用管理规则。

商标为外文或者包含外文的，应当说明含义。

应 用

22. 如何进行商标注册网上申请

商标申请人可以自行提交网上申请，也可以委托依法设立的商标代理机构提交商标网上申请。在中国没有经常居所或者营业所的外国人或者外国企业提交商标网上申请应当委托依法设立的商标代理机构办理。提交商标网上申请，应当通过商标网上申请系统并按照商标局规定的文件格式、数据标准、操作规范和传输方式提交申请文件。网上申请文件不符合上述规定的，视为未提交。提交商标网上申请，商标申请人及商标代理机构应采用在线支付方式在当日系统开放时间内缴纳商标规费，未成功支付的视为未提交申请。

配 套

《商标法实施条例》第 13-15、18 条

第二十三条　【注册申请的另行提出】注册商标需要在核定使用范围之外的商品上取得商标专用权的，应当另行提出注册申请。

注 解

本条是关于注册商标核定使用范围之外商品上如何取得商标专用权的规定。

"核定使用范围"，是指商标局核准的商标注册文件中列明的商品类别和商品范围。

第二十四条　【注册申请的重新提出】注册商标需要改变其标志的，应当重新提出注册申请。

注 解

本条是关于注册商标改变标志应当重新注册的规定。

商标标志既包括平面标志，也包括立体标志。改变商标标志，既包括平面商标的标志如文字、图形、字母、数字等，也包括了立体商标所使用的三维标志。这些标志都是商标专用权的客体部分，在经过法定程序获得商标专用权之后，这些客体部分是不允许改变的。如果作了改变，那么改变后的商标就不再能按原有的注册商标使用，这是法律上的一个限制条件，也是商标是否合法使用的一条界线。所以改变标志后的商标不能按原有注册商标使用，合法的途径是重新提出注册申请，重新注册新的商标，取得商标使用权。

第二十五条 　【优先权及其手续】商标注册申请人自其商标在外国第一次提出商标注册申请之日起六个月内，又在中国就相同商品以同一商标提出商标注册申请的，依照该外国同中国签订的协议或者共同参加的国际条约，或者按照相互承认优先权的原则，可以享有优先权。

依照前款要求优先权的，应当在提出商标注册申请的时候提出书面声明，并且在三个月内提交第一次提出的商标注册申请文件的副本；未提出书面声明或者逾期未提交商标注册申请文件副本的，视为未要求优先权。

注解

本条是关于商标注册申请优先权的规定。

商标法规定的商标注册申请优先权的实质内容是，以某一个商标注册申请人在一成员国为一项商标提出的正式申请为基础，在一定期间内同一申请人可以在其他各成员国申请对该商标的保护，这些在后的申请被认为是与第一次申请同一天提出的。这项关于优先权的规定，对于意欲在多个国家得到保护的申请人，是会有许多实际利益的。

在提出商标注册申请的时候，提出要求优先权的书面声明，三个月内提交第一次提出的商标注册申请文件的副本，以保障优先权的行使。

第二十六条 　【国际展览会中的临时保护】商标在中国政府主办的或者承认的国际展览会展出的商品上首次使用的，自该商品展出之日起六个月内，该商标的注册申请人可以享有优先权。

依照前款要求优先权的，应当在提出商标注册申请的时候提出书面声明，并且在三个月内提交展出其商品的展览会名称、在展出商品上使用该商标的证据、展出日期等证明文件；未提出书面声明或者逾期未提交证明文件的，视为未要求优先权。

注解

本条是关于对商标在国际展览会中临时保护的规定。

在某些特定的国际展览会中，在所展出的商品上首次使用的商标，如果没有法律保护，人们将不愿意将新的商品送交国际展览会上展出，不利于促进国际经济交流，因此，对于特定国际展览会上首次使用的商标给予临时保护是必要的。《保护工业产权巴黎公约》对此作了规定，本条规定与上述公约的规定是一致的。

列入保护的范围为中国政府主办的或者承认的国际展览会，不是由我国政府主办或者我国不予承认的国际展览会上展出的商品首次使用的商标不享有临时保护及商标申请优先权。保护对象为在上述国际展览会展出的商品上首次使用的商标，即该商标在国际展览会召开之前没有使用过。保护的内容为自该商品展出之日起六个月内，该商标的注册申请人可以享有优先权。要求优先权的，应当在提出商标注册申请时提出书面声明，这是要求获得优先权的一项必要程序。在提出商标注册申请和提出要求优先权的书面声明后，三个月内提交法定的有关证明文件，包括展出其商品的展览会名称、在展出商品上使用该商标的证据、展出日期等证明文件。

第二十七条　【申报事项和材料的真实、准确、完整】 为申请商标注册所申报的事项和所提供的材料应当真实、准确、完整。

注 解

本条是关于申请商标注册所必须遵循的行为规则的规定。

申请商标注册是以一定的事实为基础，要求商标专用权依法得到确认，因此需要按照规定申报有关事项、提供有关资料。所申报的事项和所提供的材料，应当真实、准确、完整，否则影响商标审查工作，也影响对商标专用权的确认。

第三章　商标注册的审查和核准

第二十八条　【初步审定并公告】 对申请注册的商标，商标局应当自收到商标注册申请文件之日起九个月内审查完毕，符合本法有关规定的，予以初步审定公告。

本条是关于商标局在规定时限内对申请注册的商标进行初步审查的规定。

对申请注册商标的初步审定，是商标注册审查中的一个重要环节。它是指对商标注册申请手续、申请文件、商标的基本标准、商标的注册条件等事项进行审查、检索、分析对比。经过上述的审查过程，认定申请注册的商标是否符合商标法的规定，并决定是否作出初步审定的决定。初步审定的期限为九个月，自收到商标注册申请文件之日开始计算。

第二十九条　【商标注册申请内容的说明和修正】在审查过程中，商标局认为商标注册申请内容需要说明或者修正的，可以要求申请人做出说明或者修正。申请人未做出说明或者修正的，不影响商标局做出审查决定。

注 解

本条是关于商标局可以要求申请人做出说明或者修正的规定。

根据本法，商标申请人提出注册申请时，应当按规定的商品分类表填报适用商标的商品类别和商品名称；为申请商标注册所申报的事项和所提供的材料应当真实、准确、完整。但实践中，商标申请人可能由于专业知识、经验不足或者由于一些文字错误使得商标注册申请的内容不准确、不清楚。在这种情况下，商标局如果一刀切地驳回商标注册申请，将造成行政资源和社会资源的较大浪费；而采用要求当事人做出说明或者修正的方式，则能够区分通过说明或者修正能够予以初步审定公告的商标和即使说明或者修正了仍然不能予以初步审定公告的商标。要求申请人做出说明或者修正，对于通过说明或者修正能够予以初步审定公告的商标，可以免去商标局驳回申请、当事人重新申请的过程。因此，这一做法将极大地方便当事人，商标局也能相应提高商标审查效率。需要注意的是，考虑到商标申请日期的确定，这里所指的对商标注册申请内容的说明或修正，不能超出原有的申请范围，即对商标标志的修正不能是实质性的变更，对申请注册商标适用的商品范围也不能扩大。

第三十条 【商标注册申请的驳回】申请注册的商标，凡不符合本法有关规定或者同他人在同一种商品或者类似商品上已经注册的或者初步审定的商标相同或者近似的，由商标局驳回申请，不予公告。

第三十一条 【申请在先原则与使用在先原则】两个或者两个以上的商标注册申请人，在同一种商品或者类似商品上，以相同或者近似的商标申请注册的，初步审定并公告申请在先的商标；同一天申请的，初步审定并公告使用在先的商标，驳回其他人的申请，不予公告。

注解

商标的基本作用是用来区别不同生产、经营者的商品或者服务，因此，一个注册商标只能有一个注册主体对其享有专用权。如果有两个或者两个以上的申请人以相同或者近似的商标申请在同一种商品或者类似商品上注册，商标主管机关只能核准一项申请，这是各国商标法通行的原则。

应用

23. 申请在先原则和使用在先原则之比较

申请在先原则是指两个或者两个以上的申请人，在同一种商品或者类似商品上，以相同或者近似的商标申请注册的，商标局受理最先提出的商标注册申请，对在后的商标注册申请予以驳回。使用在先原则是指两个或者两个以上的申请人，在同一种商品或者类似商品上，以相同或者近似的商标申请注册的，商标局受理最先使用人的商标注册申请。

这两种原则各有利弊。申请在先原则只需要将商标注册申请的日期作为审查依据，便于操作，但是不利于保护最先使用商标的人。使用在先原则可以保护最先使用商标的人，但是需要审查申请人最先使用商标的证明，不易操作。而且这种注册具有不确定性，可能因他人提供使用在先的证据而被撤销注册。

第三十二条 【在先权利与恶意抢注】申请商标注册不得损害他人现有的在先权利，也不得以不正当手段抢先注册他人已经使用并有一定影响的商标。

"申请商标注册不得损害他人现有的在先权利",是指申请注册的商标不得与他人已经获得的著作权、名称权、外观设计专利权、肖像权、姓名权等权利相冲突。"在先"即他人权利的产生之日早于商标注册申请日。"有一定影响"的商标,是指在一定地域内被一定的人群所知晓的商标,这种商标不同于驰名商标,驰名商标的知名度远远高于前者,保护也强于前者。

24. 在先权利的例外情况

将他人享有权利的客体注册商标,本质上是一种侵权行为,侵犯的是在先权利人对其权利客体的专有或专用权。申请人不能因为其侵犯在先权的行为产生所谓的"在后权"。因此即使商标通过了注册,也可以予以撤销。但是这个原则也不是绝对的。出于保护消费者利益,维护社会生活秩序稳定,促使权利人积极行使权利的目的考虑,法律规定如果自商标注册之日起 5 年内在先权人不主张撤销,则丧失了要求撤销的权利。实践中有的在先权人明知他人将其在先保护的客体拿去注册商标但不加以理会,等到商标使用人通过自己的经营,使得该商标广为公众所知,具有了极高的价值之后,才出来以撤销该商标为威胁向商标使用人要求高额许可费,这无疑对商标使用人有失公平,而此时如果允许撤销,也会对市场秩序产生影响。为了抑制这种情况的发生,避免商标使用人的权利长期处于不稳定状态,法律规定了在先权人享有撤销权的期间。这其实是知识产权的利益平衡原则在商标法上的一个具体体现。

第三十三条 【商标异议和商标的核准注册】 对初步审定公告的商标,自公告之日起三个月内,在先权利人、利害关系人认为违反本法第十三条第二款和第三款、第十五条、第十六条第一款、第三十条、第三十一条、第三十二条规定的,或者任何人认为违反本法第四条、第十条、第十一条、第十二条、第十九条第四款规定的,可以向商标局提出异议。公告期满无异议的,予以核准注册,发给商标注册证,并予公告。

注 解

异议是指在先权利人、利害关系人对商标局初步审定予以公告的商标，提出反对注册的意见。即商标局受理商标注册申请后，根据商标法的规定进行审查。将符合注册条件的商标注册申请进行公告，让在先权利人、利害关系人对该商标的注册提出意见。

本条为2019年商标法修改条款，增加规定，将不以使用为目的恶意申请商标注册、商标代理机构违法申请或者接受委托申请商标注册一起纳入异议程序中，作为提出商标异议的事由。

配 套

《商标法实施条例》第24条；《驰名商标认定和保护规定》第5条

第三十四条 【驳回商标申请的复审】 对驳回申请、不予公告的商标，商标局应当书面通知商标注册申请人。商标注册申请人不服的，可以自收到通知之日起十五日内向商标评审委员会申请复审。商标评审委员会应当自收到申请之日起九个月内做出决定，并书面通知申请人。有特殊情况需要延长的，经国务院工商行政管理部门批准，可以延长三个月。当事人对商标评审委员会的决定不服的，可以自收到通知之日起三十日内向人民法院起诉。

配 套

《商标法实施条例》第21条

第三十五条 【商标异议的处理】 对初步审定公告的商标提出异议的，商标局应当听取异议人和被异议人陈述事实和理由，经调查核实后，自公告期满之日起十二个月内做出是否准予注册的决定，并书面通知异议人和被异议人。有特殊情况需要延长的，经国务院工商行政管理部门批准，可以延长六个月。

商标局做出准予注册决定的，发给商标注册证，并予公告。异议人不服的，可以依照本法第四十四条、第四十五条的规定向商标评审委员会请求宣告该注册商标无效。

商标局做出不予注册决定，被异议人不服的，可以自收到通知之日起十五日内向商标评审委员会申请复审。商标评审委员会应当自收到申请之日起十二个月内做出复审决定，并书面通知异议人和被异议人。有特殊情况需要延长的，经国务院工商行政管理部门批准，可以延长六个月。被异议人对商标评审委员会的决定不服的，可以自收到通知之日起三十日内向人民法院起诉。人民法院应当通知异议人作为第三人参加诉讼。

商标评审委员会在依照前款规定进行复审的过程中，所涉及的在先权利的确定必须以人民法院正在审理或者行政机关正在处理的另一案件的结果为依据的，可以中止审查。中止原因消除后，应当恢复审查程序。

第三十六条　【有关决定的生效及效力】法定期限届满，当事人对商标局做出的驳回申请决定、不予注册决定不申请复审或者对商标评审委员会做出的复审决定不向人民法院起诉的，驳回申请决定、不予注册决定或者复审决定生效。

经审查异议不成立而准予注册的商标，商标注册申请人取得商标专用权的时间自初步审定公告三个月期满之日起计算。自该商标公告期满之日起至准予注册决定做出前，对他人在同一种或者类似商品上使用与该商标相同或者近似的标志的行为不具有追溯力；但是，因该使用人的恶意给商标注册人造成的损失，应当给予赔偿。

注解

本条是关于对商标局、商标评审委员会所做决定的生效时间，以及对经审查异议不成立而准予注册商标的商标专用权生效时间和效力的规定。

根据《最高人民法院关于专利、商标等授权确权类知识产权行政案件审理分工的规定》，不服国务院工商行政管理部门商标评审委员会作出的商标复审决定和裁定的案件，由北京市第一、第二中级人民法院分别作为一审法院，北京市高级人民法院作为二审法院。

配 套

《商标法实施条例》第21-29条

第三十七条 【及时审查原则】对商标注册申请和商标复审申请应当及时进行审查。

第三十八条 【商标申请文件或注册文件错误的更正】商标注册申请人或者注册人发现商标申请文件或者注册文件有明显错误的，可以申请更正。商标局依法在其职权范围内作出更正，并通知当事人。

前款所称更正错误不涉及商标申请文件或者注册文件的实质性内容。

注 解

本条是关于商标注册申请人或者注册人发现商标申请文件或者注册文件有明显错误的，可以申请进行更正的规定。

本条规定目的是方便商标注册申请人或者注册人对商标申请文件或者注册文件中有明显错误的非实质性内容提出更正。因为如果涉及实质性的内容，比如对商标构成要素进行更正，实际上是将原商标变成一个新的商标。在这种情况下就应当重新提出商标注册申请，在申请日期上就不能沿用原来商标申请的日期。是否准予注册，还要由商标局依法进行审查。

第四章　注册商标的续展、变更、转让和使用许可

第三十九条 【注册商标的有效期限】注册商标的有效期为十年，自核准注册之日起计算。

注 解

本条是关于注册商标有效期限的规定。

在实行商标注册制的国家，商标专用权是通过商标注册取得的，注册商

标的有效期有严格的时间界限。商标权作为知识产权的一种，具有专有性、地域性和时间性等特征。商标权的时间性是指商标经商标注册机关核准后，在正常使用的情况下，可以在法定期间内受到法律保护。这一法定期间又称为注册商标的保护期、有效期。有效期届满后，商标权人如果希望继续使用注册商标并使之得到法律保护，则需按照法定程序进行续展注册。如果不发生宣告注册商标无效或者撤销注册商标的情况，商标注册人只要按照法定程序进行续展注册，就可以将注册商标无限期地保护下去。在这一点上，商标权不同于同属知识产权的专利权和著作权。

应 用

25. 核准注册日对商标禁用权行使的意义

商标权具有使用与禁止他人使用两项权能。根据商标法第三十九条规定，注册商标的有效期为十年，自核准注册之日起计算。因此，自商标核准注册日起，商标权人同时获得商标专用权与禁用权，即在核定使用商品上享有使用权，也有权禁止他人在同一种或类似商品上使用相同或类似的商标。对于商标申请日至核准注册日之间，商标权人享有何种权利，可视不同情况分述如下：

关于初步审定公告期满日至核准注册期满日商标权人的权利。通常商标核准注册日与商标初步审定公告期届满日一致，但由于商标异议等制度，商标核准注册日也可能晚于商标初步审定公告期届满日。此时，则出现商标核准注册日与初步审定公告期届满日不一致的情形。根据商标法第三十六条第二款规定，经审查异议不成立而准予注册的商标，商标注册申请人取得商标专用权的时间自初步审定公告三个月期满之日起计算。自该商标公告期满之日起至准予注册决定做出前，对他人在同一种或者类似商品上使用与该商标相同或者近似的标志的行为不具有追溯力；但是，因该使用人的恶意给商标注册人造成的损失，应当给予赔偿。因此，在诉争商标初步审定公告期满至核准注册日的期间内，商标权人虽然获得了商标专用权，但并无禁止他人使用之权利。而且上述权利并非基于商标申请行为必然产生的权利，该期间内的商标专用权系形成权，是基于商标申请人获得商标授权后才享有的权利。

关于商标申请日至商标核准注册日之间商标权人的权利。由于商标初步审定公告期满后商标权人仍不能行使禁用权，举重以明轻，商标申请人在诉争商标申请日至初审公告期届满日的期间亦不享有禁止他人在同一种或类似商品上使用相同或类似商标的权利。

尽管在商标申请日至核准注册日之间，商标权人无权禁止他人使用相同或近似的商标，但一旦其商标核准注册，商标权人就取得了完整的商标权，他人应当停止使用，否则将构成商标侵权行为，除非他人的在先使用行为符合商标法第五十九条第三项的规定。（最高人民法院（2020）民再第344号：再审申请人大悦城商业管理（北京）有限公司与被申请人哈尔滨海升龙房地产开发集团有限责任公司侵害商标权纠纷案）

第四十条　【续展手续的办理】注册商标有效期满，需要继续使用的，商标注册人应当在期满前十二个月内按照规定办理续展手续；在此期间未能办理的，可以给予六个月的宽展期。每次续展注册的有效期为十年，自该商标上一届有效期满次日起计算。期满未办理续展手续的，注销其注册商标。

商标局应当对续展注册的商标予以公告。

注解

本条是关于办理商标续展手续的规定。

注册商标经过多年使用，已届注册商标的有效期，对商标注册人来说，已形成了一种无形资产。商标注册人需要继续使用该注册商标的，应当按照规定及时办理续展手续。商标续展注册与商标初始注册不同：初始注册是为了使新注册的商标获得专用权，而续展注册是通过续展使已经取得的商标专用权继续有效；商标初始注册申请要经过审查、初步审定公告、异议等一系列程序，如无异议需花一年左右的时间，如有异议则需要更长时间，而商标续展注册则相对简单，按照规定办理相关手续即可，时间也相对较短。

第四十一条　【注册商标的变更】注册商标需要变更注册人的名义、地址或者其他注册事项的，应当提出变更申请。

注解

本条是关于注册商标变更的规定。

注册商标的各个注册事项是不能随意变动的。在有效期内的注册商标，如果其注册事项由于实际情况的变化而发生了变动，就应当及时向商标局申请变更相应的注册事项。有关变更商标注册事项的申请经商标局核准后，由商标局发给相应的证明，并予以公告。

根据《商标法实施条例》第30条的规定，变更商标注册人名义、地址或者其他注册事项的，应当向商标局提交变更申请书。变更商标注册人名义的，还应当提交有关登记机关出具的变更证明文件。商标局核准的，发给商标注册人相应证明，并予以公告；不予核准的，应当书面通知申请人并说明理由。变更商标注册人名义或者地址的，商标注册人应当将其全部注册商标一并变更；未一并变更的，由商标局通知其限期改正；期满未改正的，视为放弃变更申请，商标局应当书面通知申请人。

配套

《商标法实施条例》第17、30条

第四十二条 【注册商标的转让】 转让注册商标的，转让人和受让人应当签订转让协议，并共同向商标局提出申请。受让人应当保证使用该注册商标的商品质量。

转让注册商标的，商标注册人对其在同一种商品上注册的近似的商标，或者在类似商品上注册的相同或者近似的商标，应当一并转让。

对容易导致混淆或者有其他不良影响的转让，商标局不予核准，书面通知申请人并说明理由。

转让注册商标经核准后，予以公告。受让人自公告之日起享有商标专用权。

注解

本条是关于注册商标转让的规定。

注册商标的转让，是指注册商标所有人在法律允许的范围内，将其注册商标转移给他人所有。商标是一种无形财产，与有形财产一样，在法律允许的范围内可以根据商标权人的意志自由转让。但商标权的转让不同于有形财产权的转让，也不同于专利权和著作权的转让，它关系到商品的来源和出处，涉及企业的信誉和声誉。

转让注册商标的，转让人和受让人应当向商标局提交转让注册商标申请书。转让注册商标申请手续应当由转让人和受让人共同办理。商标局核准转让注册商标申请的，发给受让人相应证明，并予以公告。转让注册商标，商标注册人对其在同一种或者类似商品上注册的相同或者近似的商标未一并转让的，由商标局通知其限期改正；期满未改正的，视为放弃转让该注册商标的申请，商标局应当书面通知申请人。

注册商标专用权因转让以外的继承等其他事由发生移转的，接受该注册商标专用权的当事人应当凭有关证明文件或者法律文书到商标局办理注册商标专用权移转手续。注册商标专用权移转的，注册商标专用权人在同一种或者类似商品上注册的相同或者近似的商标，应当一并移转；未一并移转的，由商标局通知其限期改正；期满未改正的，视为放弃该移转注册商标的申请，商标局应当书面通知申请人。商标移转申请经核准的，予以公告。接受该注册商标专用权移转的当事人自公告之日起享有商标专用权。

第四十三条　【注册商标的使用许可】商标注册人可以通过签订商标使用许可合同，许可他人使用其注册商标。许可人应当监督被许可人使用其注册商标的商品质量。被许可人应当保证使用该注册商标的商品质量。

经许可使用他人注册商标的，必须在使用该注册商标的商品上标明被许可人的名称和商品产地。

许可他人使用其注册商标的，许可人应当将其商标使用许可报商标局备案，由商标局公告。商标使用许可未经备案不得对抗善意第三人。

注解

本条是关于注册商标使用许可的规定。

注册商标使用许可，是指商标权人将其所有的注册商标使用权分离出一部或全部许可给他人有偿使用。商标权人为许可人，使用商标的一方为被许可人。商标使用许可不同于商标的转让，后者的结果是原商标注册人丧失了商标的所有权；而商标使用许可不发生商标所有权转移的问题。商标使用许可有利于更好地发挥商标促进商品生产和流通的作用，也是商标权人充分行使其权利的表现。

`应 用`

26. 商标使用许可的分类

（1）独占使用许可。是指商标注册人在约定的期间、地域和以约定的方式，将该注册商标仅许可一个被许可人使用，商标注册人依约定不得使用该注册商标。

（2）排他使用许可。是指商标注册人在约定的期间、地域和以约定的方式，将该注册商标仅许可一个被许可人使用，商标注册人依约定可以使用该注册商标但不得另行许可他人使用该注册商标。

（3）普通使用许可。是指商标注册人在约定的期间、地域和以约定的方式，许可他人使用其注册商标，并可自行使用该注册商标和许可他人使用其注册商标。

`配 套`

《商标法实施条例》第69条；《最高人民法院关于审理商标民事纠纷案件适用法律若干问题的解释》第3条

第五章　注册商标的无效宣告

第四十四条　【注册不当的商标】已经注册的商标，违反本法第四条、第十条、第十一条、第十二条、第十九条第四款规定的，或者是以欺骗手段或者其他不正当手段取得注册的，由商标局宣告该注册商标无效；其他单位或者个人可以请求商标评审委员会宣告该注册商标无效。

商标局做出宣告注册商标无效的决定，应当书面通知当事人。当事人对商标局的决定不服的，可以自收到通知之日起十五日内向商标评审委员会申请复审。商标评审委员会应当自收到申请之日起九个月内做出决定，并书面通知当事人。有特殊情况需要延长的，经国务院工商行政管理部门批准，可以延长三个月。当事人对商标评审委员会的决定不服的，可以自收到通知之日起三十日内向人民法院起诉。

其他单位或者个人请求商标评审委员会宣告注册商标无效的，商标评审委员会收到申请后，应当书面通知有关当事人，并限期提出答辩。商标评审委员会应当自收到申请之日起九个月内做出维持注册商标或者宣告注册商标无效的裁定，并书面通知当事人。有特殊情况需要延长的，经国务院工商行政管理部门批准，可以延长三个月。当事人对商标评审委员会的裁定不服的，可以自收到通知之日起三十日内向人民法院起诉。人民法院应当通知商标裁定程序的对方当事人作为第三人参加诉讼。

注解

2019 年商标法修改时，将不以使用为目的恶意申请商标注册、商标代理机构违法申请或者接受委托申请商标注册一起纳入无效宣告程序中，作为宣告注册商标无效的事由。

应用

27. 商标局宣告注册商标无效的程序

（1）商标局做出宣告注册商标无效的决定，并书面通知当事人。

（2）当事人对商标局的决定不服的，可以自收到通知之日起 15 日内向商标评审委员会申请复审。

（3）商标评审委员会应当自收到申请之日起 9 个月内做出决定，并书面通知当事人。如有特殊情况，需要延长复审期限的，经国务院工商行政管理部门批准，可以延长 3 个月。

（4）当事人对商标评审委员会的决定不服的，可以自收到通知之日起 30 日内向人民法院起诉。

28. 商标评审委员会宣告注册商标无效的程序

（1）其他单位或者个人向商标评审委员会提出申请。

（2）商标评审委员会收到申请后，应当书面通知有关当事人，并限期提出答辩。

（3）商标评审委员会应当自收到申请之日起9个月内做出维持注册商标或者宣告注册商标无效的裁定，并书面通知当事人。如有特殊情况需要延长期限的，经国务院工商行政管理部门批准，可以延长3个月。

（4）当事人对商标评审委员会的裁定不服的，可以自收到通知之日起30日内向人民法院起诉。人民法院在受理起诉后，应当通知商标裁定程序的对方当事人作为第三人参加诉讼。

第四十五条　【违法损害他人合法权益的注册商标】已经注册的商标，违反本法第十三条第二款和第三款、第十五条、第十六条第一款、第三十条、第三十一条、第三十二条规定的，自商标注册之日起五年内，在先权利人或者利害关系人可以请求商标评审委员会宣告该注册商标无效。对恶意注册的，驰名商标所有人不受五年的时间限制。

商标评审委员会收到宣告注册商标无效的申请后，应当书面通知有关当事人，并限期提出答辩。商标评审委员会应当自收到申请之日起十二个月内做出维持注册商标或者宣告注册商标无效的裁定，并书面通知当事人。有特殊情况需要延长的，经国务院工商行政管理部门批准，可以延长六个月。当事人对商标评审委员会的裁定不服的，可以自收到通知之日起三十日内向人民法院起诉。人民法院应当通知商标裁定程序的对方当事人作为第三人参加诉讼。

商标评审委员会在依照前款规定对无效宣告请求进行审查的过程中，所涉及的在先权利的确定必须以人民法院正在审理或者行政机关正在处理的另一案件的结果为依据的，可以中止审查。中止原因消除后，应当恢复审查程序。

应　用

29. 违法损害他人合法权益的注册商标无效宣告的程序

注册商标存在有违反《商标法》第13条第2款和第3款、第15条、第16条第1款、第30条、第31条、第32条规定情形的，属违法损害他人合法权益的注册商标，其宣告无效的程序为：

（1）由在先权利人或者利害关系人向商标评审委员会请求宣告该注册商标无效，在先权利人或者利害关系人请求商标评审委员会宣告注册商标无效的时期期限，为自商标注册之日起5年内。同时，对驰名商标的恶意注册，不仅损害他人的合法权益，而且也会损害消费者的合法权益，为此，驰名商标所有人不受5年的时间限制。

（2）商标评审委员会书面通知有关当事人。商标评审委员会在收到宣告注册商标无效的申请后，应当书面通知有关当事人，并限期提出答辩。有关当事人应当在商标评审委员会规定的期限内，提出答辩意见。

（3）审查程序的中止。商标评审委员会在审查的过程中，如果出现所涉及的在先权利的确定，必须以人民法院正在审理或者行政机关正在处理的另一案件的结果为依据的情形的，则可以中止审查。待中止原因消除后，则应当恢复审查程序，继续进行审查。

（4）商标评审委员会做出裁定。商标评审委员会应当自收到申请之日起12个月内做出维持注册商标或者宣告注册商标无效的裁定，并书面通知当事人。如有特殊情况需要延长期限的，经国务院工商行政管理部门批准，可以延长6个月。

（5）当事人对商标评审委员会的裁定不服的，可以自收到通知之日起30日内向人民法院起诉。商标评审委员会的裁定，分为维持注册商标的裁定和宣告注册商标无效的裁定两种。当事人向人民法院起诉，人民法院受理后，应当通知商标裁定程序的对方当事人作为第三人参加诉讼。

第四十六条　【注册商标无效的其他情形】法定期限届满，当事人对商标局宣告注册商标无效的决定不申请复审或者对商标评审委员会的复审决定、维持注册商标或者宣告注册商标无效的裁定不向人民法院起诉的，商标局的决定或者商标评审委员会的复审决定、裁定生效。

注解

本条是关于商标局、商标评审委员会有关宣告注册商标无效或者维持注册商标的决定、裁定生效的规定。

根据本法规定，对于商标局宣告注册商标无效的决定，当事人应当在15

日内向商标评审委员会申请复审；对于商标评审委员会作出的复审决定，以及商标评审委员会根据有关单位或者个人的请求作出的维持注册商标或者宣告注册商标无效的裁定，有关当事人应当在 30 日内向人民法院起诉。这里的"15 日"和"30 日"就是本条规定的"法定期限"。

第四十七条　【注册商标无效宣告的法律后果】依照本法第四十四条、第四十五条的规定宣告无效的注册商标，由商标局予以公告，该注册商标专用权视为自始即不存在。

宣告注册商标无效的决定或者裁定，对宣告无效前人民法院做出并已执行的商标侵权案件的判决、裁定、调解书和工商行政管理部门做出并已执行的商标侵权案件的处理决定以及已经履行的商标转让或者使用许可合同不具有追溯力。但是，因商标注册人的恶意给他人造成的损失，应当给予赔偿。

依照前款规定不返还商标侵权赔偿金、商标转让费、商标使用费，明显违反公平原则的，应当全部或者部分返还。

注解

注册商标宣告无效，其商标专用权在法律上被认为是从来没有存在过。换言之，宣告注册商标无效，就是宣告注册商标从注册时起就无效，即在法律上不承认该注册商标专用权的存在或者曾经存在。但宣告注册商标无效的决定或者裁定，对以下事项不具有追溯力：一是人民法院做出并已执行的商标侵权案件的判决、裁定、调解书；二是工商行政管理部门做出并已执行的商标侵权案件的处理决定；三是已经履行的商标转让合同；四是已经履行的商标使用许可合同。对上述 4 类事项，已经执行的，不得以注册商标已经被宣告无效为由，要求恢复到原来的状况。但是，因商标注册人的恶意给他人造成的损失，则应当给予赔偿。

应用

30. 被宣告无效的注册商标的所有人因行使该商标专用权所获得的利益是否应当返还

按照民法的一般原则，被宣告无效的注册商标的所有人因行使该商标专用权所获得的利益属于不当得利，该注册商标所有人应当将不当得利予以返还。但是，如果注册商标一旦被宣告无效，还要溯及法院作出并已经执行的判决、裁定、调解书，溯及工商行政管理部门作出并已执行的商标侵权案件的处理决定，会使法院判决、裁定、调解书及行政机关的处理决定处于不稳定的状态，进而影响社会经济秩序的稳定。对已经履行的商标转让合同或者使用许可合同来讲，受让人和被许可人由于注册商标被宣告无效前已经因商标专用权受到保护而获得了实际的利益，对其支付的商标转让费和商标使用费不予返还也是合理的。

第六章　商标使用的管理

第四十八条　【商标的使用】本法所称商标的使用，是指将商标用于商品、商品包装或者容器以及商品交易文书上，或者将商标用于广告宣传、展览以及其他商业活动中，用于识别商品来源的行为。

注 解

商标使用是实现商标区分商品来源等功能的前提，不经使用的商标，不会产生和实现指示商品来源的效果，也无从区分商品。商标使用也是维持注册商标有效的条件，按照本法的规定，注册商标没有正当理由连续 3 年不使用的，任何单位或者个人可以申请商标局撤销该注册商标。商标使用也是商标专用权得以保护的基础，按照本法规定，在商标侵权诉讼中，注册商标专用权人不能证明此前 3 年实际使用过该注册商标，也不能证明侵权行为受到其他损失的，被控侵权人不承担赔偿责任。商标使用还是使商标获得识别性、显著特征以及使商标驰名的重要途径。在有些国家，商标使用还是取得商标专用权的必要条件。

应 用

31. 如何判断商品上的标识属于商标性使用

判断商品上的标识是否属于商标性使用时，必须根据该标识的具体使用方式，看其是否具有识别商品或服务来源之功能；侵犯注册商标专用权意义上商标近似应当是混淆性近似，是否造成市场混淆是判断商标近似的重要因素之一。（《最高人民法院公报》2013年第10期：苏州鼎盛食品公司不服苏州市工商局商标侵权行政处罚案）

第四十九条　【违法使用注册商标】 商标注册人在使用注册商标的过程中，自行改变注册商标、注册人名义、地址或者其他注册事项的，由地方工商行政管理部门责令限期改正；期满不改正的，由商标局撤销其注册商标。

注册商标成为其核定使用的商品的通用名称或者没有正当理由连续三年不使用的，任何单位或者个人可以向商标局申请撤销该注册商标。商标局应当自收到申请之日起九个月内做出决定。有特殊情况需要延长的，经国务院工商行政管理部门批准，可以延长三个月。

注 解

根据《商标法实施条例》第66、67条的规定，有本条规定的注册商标无正当理由连续3年不使用情形的，任何单位或者个人可以向商标局申请撤销该注册商标，提交申请时应当说明有关情况。商标局受理后应当通知商标注册人，限其自收到通知之日起2个月内提交该商标在撤销申请提出前使用的证据材料或者说明不使用的正当理由；期满未提供使用的证据材料或者证据材料无效并没有正当理由的，由商标局撤销其注册商标。前述所称使用的证据材料，包括商标注册人使用注册商标的证据材料和商标注册人许可他人使用注册商标的证据材料。以无正当理由连续3年不使用为由申请撤销注册商标的，应当自该注册商标注册公告之日起满3年后提出申请。

下列情形属于本条规定的正当理由：

（1）不可抗力；

（2）政府政策性限制；

（3）破产清算；

（4）其他不可归责于商标注册人的正当事由。

32. 如何判断诉争商标是否存在真实的商业使用

按照《中华人民共和国商标法》第四十九条的规定，注册商标没有正当理由连续三年不使用的，任何单位或者个人可以向商标局申请撤销该注册商标。此类"撤三"案件的核心问题是审查商标是否在指定期间内存在真实的商业使用。检察机关办理此类案件时，既要注重审查单个证据的真实性、合法性、关联性，又要注重对在案证据进行整体审查，综合判断能否形成完整的证据链证明诉争商标存在真实交易和实际使用。对于存在疑点的证据，检察机关要积极行使调查核实权，通过查询工商信息、社保信息、发票核验等多种方式，准确甄别证据的证明力，精准提出监督意见。（最高人民检察院发布10起检察机关知识产权保护典型案例之九：成都晴某商贸有限公司与泸某股份有限公司等商标权撤销复审行政纠纷抗诉案）

配套

《商标法实施条例》第65-67条

第五十条 【对被撤销、宣告无效或者注销的商标的管理】注册商标被撤销、被宣告无效或者期满不再续展的，自撤销、宣告无效或者注销之日起一年内，商标局对与该商标相同或者近似的商标注册申请，不予核准。

注解

本条是对被撤销、被宣告无效或者被注销商标管理的规定。

因商标注册人不遵守注册商标使用的规定而被撤销的注册商标，或者是注册商标因违反本法相关规定由商标局、商标评审委员会宣告无效，或者是注册有效期满未续展而被注销的商标，其商标专用权已经消灭。但是为了防止发生商品出处的混淆，本条规定，注册商标被撤销、被宣告无效或者期满不再续展的，自撤销、宣告无效或者注销之日起一年内，商标局对与该商标相同或者近似的商标注册申请，不予核准。这样规定并不是仍要保护已被撤销或注销的商标的权利，而是完全为了维护市场秩序和保护消费者的利益，以免造成不必要的误会和损失。

配套

《商标法实施条例》第74条

第五十一条 【对必须使用注册商标的商品的管理】违反本法第六条规定的，由地方工商行政管理部门责令限期申请注册，违法经营额五万元以上的，可以处违法经营额百分之二十以下的罚款，没有违法经营额或者违法经营额不足五万元的，可以处一万元以下的罚款。

注解

我国商标注册制度在总的原则上实行自愿注册，但对极少数商品又规定必须使用注册商标。本法第六条明确规定，法律、行政法规规定必须使用注册商标的商品，必须申请商标注册，未经核准注册的，不得在市场销售。目前在我国必须使用商标的商品为烟草制品，对这类商品法律要求强制使用注册商标，有利于对商标注册人实行监督，有利于对特殊商品进行严格的管理。本条的规定是对第六条规定的补充，明确规定了违法者所应承担的法律责任。

配套

本法第6条

第五十二条 【对未注册商标的管理】将未注册商标冒充注册商标使用的，或者使用未注册商标违反本法第十条规定的，由地方工商行政管理部门予以制止，限期改正，并可以予以通报，违法经营额五万元以上的，可以处违法经营额百分之二十以下的罚款，没有违法经营额或者违法经营额不足五万元的，可以处一万元以下的罚款。

注解

本条是对未注册商标使用管理的规定。

未注册商标是指未经商标局核准注册而直接在商品上使用的商标。未注册商标使用的范围非常广泛，但是由于其未经注册，没有取得商标专用权。

允许使用未注册商标，有利于发展社会生产力，对于一些生产尚不稳定、产品尚未定型的商品和地产地销的小商品，不强行要求注册，便于他们扬长避短，迅速取得经济效益。因此采取自愿注册原则，允许未注册商标的存在和使用及其商品进入市场，这是符合我国经济发展需要，适应多层次生产力发展水平要求的。但是，这并不意味着国家对未注册商标的使用就放任不管。从保护注册商标专用权和维护消费者利益的角度出发，国家商标管理部门仍然要对未注册商标的使用进行管理。

第五十三条 　**【违反驰名商标使用的规定】**违反本法第十四条第五款规定的，由地方工商行政管理部门责令改正，处十万元罚款。

第五十四条 　**【对撤销或不予撤销注册商标决定的复审】**对商标局撤销或者不予撤销注册商标的决定，当事人不服的，可以自收到通知之日起十五日内向商标评审委员会申请复审。商标评审委员会应当自收到申请之日起九个月内做出决定，并书面通知当事人。有特殊情况需要延长的，经国务院工商行政管理部门批准，可以延长三个月。当事人对商标评审委员会的决定不服的，可以自收到通知之日起三十日内向人民法院起诉。

第五十五条 　**【撤销注册商标决定的生效】**法定期限届满，当事人对商标局做出的撤销注册商标的决定不申请复审或者对商标评审委员会做出的复审决定不向人民法院起诉的，撤销注册商标的决定、复审决定生效。

被撤销的注册商标，由商标局予以公告，该注册商标专用权自公告之日起终止。

第七章　注册商标专用权的保护

第五十六条 　**【注册商标专用权的保护范围】**注册商标的专用权，以核准注册的商标和核定使用的商品为限。

注册商标的专用权，是指商标注册人在核定使用的商品上专有使用核准注册的商标的权利，它是一种法定的权利。本法第三条就明确规定，经商标局核准注册的商标为注册商标，商标注册人享有商标专用权，受法律保护。本条的规定正是对总则第三条规定具体化的一个方面。它包括以下两层含义：一是注册商标的使用权只在特定的范围即核定使用的商品与核准注册的商标范围内有效；二是在该特定范围内商标注册人对其注册商标的使用是一种专有使用。换句话说，对注册商标的保护，仅限于核准注册的商标和核定使用的商品范围之内，不得任意改变或者扩大保护范围。

配 套

本法第 3 条

第五十七条　【商标侵权行为】有下列行为之一的，均属侵犯注册商标专用权：

（一）未经商标注册人的许可，在同一种商品上使用与其注册商标相同的商标的；

（二）未经商标注册人的许可，在同一种商品上使用与其注册商标近似的商标，或者在类似商品上使用与其注册商标相同或者近似的商标，容易导致混淆的；

（三）销售侵犯注册商标专用权的商品的；

（四）伪造、擅自制造他人注册商标标识或者销售伪造、擅自制造的注册商标标识的；

（五）未经商标注册人同意，更换其注册商标并将该更换商标的商品又投入市场的；

（六）故意为侵犯他人商标专用权行为提供便利条件，帮助他人实施侵犯商标专用权行为的；

（七）给他人的注册商标专用权造成其他损害的。

本条是关于侵犯注册商标专用权行为的规定。

侵犯注册商标专用权行为又称商标侵权行为，是指一切损害他人注册商标权益的行为。判断一个行为是否构成侵犯注册商标专用权，主要看它是否具备四个要件：一是损害事实的客观存在；二是行为的违法性；三是损害事实是违法行为造成的；四是行为的故意或过失。上述四个要件同时具备时，即构成商标侵权行为。

33. 如何理解侵犯注册商标专用权的行为

对于本条规定的侵犯注册商标专用权的 7 种行为，可以从其行为表现、实际危害等方面来理解：

1. 未经商标注册人的许可，在同一种商品上使用与其注册商标相同的商标的行为。这种行为是比较典型的侵犯注册商标专用权的行为，也就是通常所说的"假冒"行为。其后果是混淆商品出处，误导消费者，损害商标注册人的合法权益和消费者的利益。

2. 未经商标注册人的许可，在同一种商品上使用与其注册商标近似的商标，或者在类似商品上使用与其注册商标相同或者近似的商标，容易导致混淆的行为。这也是比较常见的侵犯注册商标专用权的行为。其后果是混淆商品出处，误导消费者，损害商标注册人的合法权益和消费者的利益。

3. 销售侵犯注册商标专用权的商品的行为。通常发生在流通环节，也是一种较为常见的商标侵权行为。在现实生活中，侵犯注册商标专用权的商品，有的是生产者自行销售，有的要通过他人进行销售。其后果也是混淆商品出处、侵犯注册商标专用权、损害消费者利益。

4. 伪造、擅自制造他人注册商标标识或者销售伪造、擅自制造的注册商标标识的行为。"伪造"，是指没有经过他人同意或者许可，模仿他人注册商标的图样或者实物，制作出与他人注册商标标识相同的商标标识。"擅自制造"，是指没有经过他人同意或者许可，制作他人注册商标标识。销售伪造、擅自制造的注册商标标识的行为，是指采用零售、批发、内部销售等方式，出售伪造或者擅自制造的他人注册商标标识。这类行为直接侵犯了商标注册人的商标专用权。

5. 未经商标注册人同意，更换其注册商标并将该更换商标的商品又投入市场的行为。这类行为，也被称为"反向假冒"，即在商品销售活动中，消除商品上的他人商标，然后换上自己的商标，冒充自己的商品进行销售。这种行为既侵犯了商标注册人的合法权益，也侵犯了消费者的知情权，导致消费者对商品的来源产生误认。

6. 故意为侵犯他人商标专用权行为提供便利条件，帮助他人实施侵犯商标专用权行为的。这类行为，是 2013 年商标法修改时新增的。主要是指故意为侵犯他人注册商标专用权的行为，提供诸如仓储、运输、邮寄、隐匿等方面的条件，从而帮助他人完成实施侵犯商标专用权的行为。

7. 给他人的注册商标专用权造成其他损害的行为。这是一项兜底性规定，是指上述 6 类行为以外的其他侵犯注册商标专用权的行为。

34. 如何认定"商标近似"

最高人民法院《关于审理商标民事纠纷案件适用法律若干问题的解释》第 9 条第 2 款规定："商标法第五十二条第（一）项规定的商标近似是指被控侵权的商标与原告的注册商标相比较，其文字的字型、读音、含义或者图形的构图及颜色，或者其各要素组合后的整体结构相似，或者其立体形状、颜色组合近似，易使相关公众对商品的来源产生误认或者认为其来源与原告注册商标的商品有特定的联系。"故侵犯注册商标专用权意义上的商标近似是指混淆性近似，即足以造成市场混淆的近似。根据诉争商标涉及的具体情况，认定商标近似除通常需要考虑其构成要素的近似程度外，还需要综合考虑其他相关因素，诸如被诉侵权人的主观意图、双方共存和使用的历史与现状、相关市场实际等因素，在此基础上进行公平合理的判断认定诉争商标是否构成混淆性近似，诉争商标仅在构成要素上具有近似性，但综合考量其他相关因素，不能认定其足以造成市场混淆的，不应认定为侵犯注册商标专用权。（最高人民法院民事判决书（2009）民三终字第 3 号：（法国）拉科斯特股份有限公司与（新加坡）鳄鱼国际机构私人有限公司、上海东方鳄鱼服饰有限公司北京分公司侵犯商标专用权纠纷案）

35. 商标使用的历史状况、相关公众的认知状态、是否已经形成稳定化的市场秩序等因素是否会对"商标近似"的认定有影响

在商标侵权纠纷案件中，判断被控侵权标识与主张权利的注册商标是否近似，除应在结合所涉商标的文字的字形、读音和含义，图形的构图和颜

色，各构成要素的组合结构等基础上，考虑商标或其构成要素的显著程度、市场知名度等具体情况外，还应根据案件的具体情况，考虑所涉商标使用的历史状况、相关公众的认知状态、是否已经形成稳定化的市场秩序等因素，对其整体或者主要部分是否具有市场混淆的可能性进行综合分析判断。（最高人民法院民事判决书（2010）民提字第27号：湖南省嘉禾县锻造厂、郴州市伊斯达实业有限责任公司诉湖南省华光机械实业有限责任公司、湖南省嘉禾县华光钢锄厂侵犯商标权纠纷案）

36. 在注册与"老字号"相关的商标时，应该注意的事项有哪些

（1）与"老字号"无历史渊源的个人或企业将"老字号"或与其近似的字号注册为商标后，以"老字号"的历史进行宣传的，应认定为虚假宣传，构成不正当竞争。(2) 与"老字号"具有历史渊源的个人或企业在未违反诚实信用原则的前提下，将"老字号"注册为个体工商户字号或企业名称，未引人误认且未突出使用该字号的，不构成不正当竞争或侵犯注册商标专用权。（最高人民法院指导案例58号：成都同德福合川桃片有限公司诉重庆市合川区同德福桃片有限公司、余晓华侵害商标权及不正当竞争纠纷案）

配 套

《烟草专卖法》第19、33、34条；《商标法实施条例》第75、76条；《最高人民法院关于审理商标民事纠纷案件适用法律若干问题的解释》第1、9-12、18条

第五十八条 　**【不正当竞争】**将他人注册商标、未注册的驰名商标作为企业名称中的字号使用，误导公众，构成不正当竞争行为的，依照《中华人民共和国反不正当竞争法》处理。

注 解

本条是关于禁止将他人注册商标、未注册的驰名商标用作企业字号的规定。

企业名称是区别不同市场主体的标志，它由行政区划、字号、行业（或经营特点）和组织形式构成，其中的字号是企业名称的核心部分，是区别不同企业的主要标志。尽管商标和企业字号在性质上并不相同，但二者同属于商业标志的范畴，均在一定程度上起到区别商品和服务来源的作用。实践

中，有的人"搭便车"、"傍名牌"，借助他人商标的影响力开展自己的经营活动，将他人注册商标、未注册的驰名商标用作企业字号，误导公众。这类行为本质上属于不正当竞争行为，为与反不正当竞争法相衔接，本条专门作出规定，将他人注册商标、未注册的驰名商标作为企业名称中的字号使用，误导公众，构成不正当竞争行为的，依照反不正当竞争法处理。

应 用

37. 他人擅自使用知名企业的简称，足以使特定地域内的相关社会公众对在后使用者和在先企业之间发生市场主体的混淆、误认，是否应受到保护

企业名称的简称源于语言交流的方便。企业简称的形成与两个过程有关：一是企业自身使用简称代替其正式名称；二是社会公众对于企业简称的认同，即认可企业简称与其正式名称所指代对象为同一企业。由于简称省略了正式名称中某些具有限定作用的要素，可能会不适当地扩大正式名称所指代的对象范围。因此，企业简称能否特指该企业，取决于该企业简称是否为相关社会公众所认可，并在相关社会公众中建立起与该企业的稳定的关联关系。对于具有一定的市场知名度、为相关社会公众所熟知并已经实际具有商号作用的企业或者企业名称的简称，可以视为企业名称。如果经过使用和社会公众认同，企业的特定简称已经在特定地域内为相关社会公众所认可，具有相应的市场知名度，与该企业建立了稳定的关联关系，具有识别经营主体的商业标识意义，他人在后擅自使用该知名企业简称，足以使特定地域内的相关社会公众对在后使用者和在先企业之间发生市场主体的混淆、误认，在后使用者就会不恰当地利用在先企业的商誉，侵害在先企业的合法权益。具有此种情形的，应当将在先企业的特定简称视为企业名称，并根据《中华人民共和国反不正当竞争法》第5条第（三）项的规定加以保护。（最高人民法院民事裁定书（2008）民申字第758号：山东起重机有限公司与山东山起重工有限公司侵犯企业名称权纠纷案）

配 套

《反不正当竞争法》第6、18条

第五十九条　【注册商标专用权人无权禁止行为】注册商标中含有的本商品的通用名称、图形、型号，或者直接表示商品的

质量、主要原料、功能、用途、重量、数量及其他特点，或者含有的地名，注册商标专用权人无权禁止他人正当使用。

三维标志注册商标中含有的商品自身的性质产生的形状、为获得技术效果而需有的商品形状或者使商品具有实质性价值的形状，注册商标专用权人无权禁止他人正当使用。

商标注册人申请商标注册前，他人已经在同一种商品或者类似商品上先于商标注册人使用与注册商标相同或者近似并有一定影响的商标的，注册商标专用权人无权禁止该使用人在原使用范围内继续使用该商标，但可以要求其附加适当区别标识。

注解

本条是关于注册商标专用权行使限制的规定。

在立法上明确了商标合理使用制度和在先使用商标的有限保护制度，对注册商标专用权人的禁止权作了适当的限制，以避免注册商标专用权的"绝对化"。

应用

38. 对知名商品及其特有名称、包装、装潢如何进行认定和保护

我国《反不正当竞争法》所指的知名商品，是在中国境内具有一定的市场知名度，为相关公众所知悉的商品。认定知名商品，应当考虑该商品的销售时间、销售区域、销售额和销售对象，进行任何宣传的持续时间、程度和地域范围，以及其作为知名商品受保护的情况等因素进行综合判断。对于知名商品的特有名称、包装、装潢的保护，应以该商品在中国境内为相关公众所知悉为必要，其知名度通常系由在中国境内生产、销售或者从事其他经营活动而产生，但该商品在国外已知名的事实可以作为认定其国内知名度的参考因素。（《最高人民法院公报》2012 年第 7 期：尚杜·拉菲特罗兹施德民用公司诉深圳市金鸿德贸易有限公司等侵犯商标专用权、不正当竞争纠纷案）

第六十条 【侵犯注册商标专用权的责任】有本法第五十七条所列侵犯注册商标专用权行为之一，引起纠纷的，由当事人协商解决；不愿协商或者协商不成的，商标注册人或者利害关系人可以向人民法院起诉，也可以请求工商行政管理部门处理。

工商行政管理部门处理时，认定侵权行为成立的，责令立即停止侵权行为，没收、销毁侵权商品和主要用于制造侵权商品、伪造注册商标标识的工具，违法经营额五万元以上的，可以处违法经营额五倍以下的罚款，没有违法经营额或者违法经营额不足五万元的，可以处二十五万元以下的罚款。对五年内实施两次以上商标侵权行为或者有其他严重情节的，应当从重处罚。销售不知道是侵犯注册商标专用权的商品，能证明该商品是自己合法取得并说明提供者的，由工商行政管理部门责令停止销售。

对侵犯商标专用权的赔偿数额的争议，当事人可以请求进行处理的工商行政管理部门调解，也可以依照《中华人民共和国民事诉讼法》向人民法院起诉。经工商行政管理部门调解，当事人未达成协议或者调解书生效后不履行的，当事人可以依照《中华人民共和国民事诉讼法》向人民法院起诉。

注 解

本条是关于侵犯注册商标专用权行为处理的规定。

商标侵权行为是市场活动中一种常见的违法行为。它不仅使商标权利人的利益受到巨大损失，损害了消费者的利益，而且会扰乱正常的社会经济秩序，阻碍先进生产力的发展，因此具有严重的社会危害性，必须不断加大查处力度，依法给予必要的制裁。

应 用

39. 在计算违法经营额时，应考虑哪些因素

根据《商标法实施条例》第78条的规定，计算本条规定的违法经营额，可以考虑下列因素：

（1）侵权商品的销售价格；

（2）未销售侵权商品的标价；

（3）已查清侵权商品实际销售的平均价格；

（4）被侵权商品的市场中间价格；

（5）侵权人因侵权所产生的营业收入；

（6）其他能够合理计算侵权商品价值的因素。

40. 如何证明商品是自己合法取得的

根据《商标法实施条例》第 79 条的规定，下列情形属于本条规定的能证明该商品是自己合法取得的情形：

（1）有供货单位合法签章的供货清单和货款收据且经查证属实或者供货单位认可的；

（2）有供销双方签订的进货合同且经查证已真实履行的；

（3）有合法进货发票且发票记载事项与涉案商品对应的；

（4）其他能够证明合法取得涉案商品的情形。

41. 如何认定网络交易平台经营者的侵害商标权的责任

网络交易平台经营者对于网络商户的侵权行为一般不具有预见和避免的能力，故不当然为此承担侵权赔偿责任，但如果网络交易平台经营者知道网络商户利用其所提供的网络服务实施侵权行为，而仍然为侵权行为人提供网络服务或者没有采取必要的措施，则应当与网络商户承担共同侵权责任。网络交易平台经营者是否知道侵权行为的存在，可以结合权利人是否发出侵权警告、侵权现象的明显程度等因素综合判定。网络交易平台经营者是否采取了必要的避免侵权行为发生的措施，应当根据网络交易平台经营者对侵权警告的反应、避免侵权行为发生的能力、侵权行为发生的几率大小等因素综合判定。(《最高人民法院公报》2012 年第 1 期：衣念（上海）时装贸易有限公司诉浙江淘宝网络有限公司、杜国发侵害商标权纠纷)

配套

《商标法实施条例》第 78、79 条

第六十一条　【对侵犯注册商标专用权的查处】对侵犯注册商标专用权的行为，工商行政管理部门有权依法查处；涉嫌犯罪的，应当及时移送司法机关依法处理。

工商行政管理部门作为商标管理工作的行政主管部门，依法查处侵犯注册商标专用权的行为，是法律赋予其的一项重要职权。工商行政管理部门应当依法履行这项法定职责，这一点需要在法律中进一步加以明确。同时，工商行政管理部门在查处侵犯注册商标专用权的违法案件时，往往会接触到一些可能构成犯罪的商标侵权案件。为防止出现行政机关以罚代刑和刑事案件难以处理的情况，也需要强调对涉嫌犯罪的侵犯注册商标专用权行为，工商行政管理部门应当及时移送司法机关依法处理，以利于打击侵犯注册商标专用权的犯罪行为。

第六十二条　【查处商标侵权行为的职权】县级以上工商行政管理部门根据已经取得的违法嫌疑证据或者举报，对涉嫌侵犯他人注册商标专用权的行为进行查处时，可以行使下列职权：

（一）询问有关当事人，调查与侵犯他人注册商标专用权有关的情况；

（二）查阅、复制当事人与侵权活动有关的合同、发票、账簿以及其他有关资料；

（三）对当事人涉嫌从事侵犯他人注册商标专用权活动的场所实施现场检查；

（四）检查与侵权活动有关的物品；对有证据证明是侵犯他人注册商标专用权的物品，可以查封或者扣押。

工商行政管理部门依法行使前款规定的职权时，当事人应当予以协助、配合，不得拒绝、阻挠。

在查处商标侵权案件过程中，对商标权属存在争议或者权利人同时向人民法院提起商标侵权诉讼的，工商行政管理部门可以中止案件的查处。中止原因消除后，应当恢复或者终结案件查处程序。

42. 工商行政管理部门可行使哪些职权

工商行政管理部门应当依法行政、依法执法，在行使本条规定的职权时，符合上述的两个条件的情况下，方可行使下列职权：

（1）询问、调查权。询问、调查权，是指工商行政管理部门在对涉嫌侵犯他人注册商标专用权的行为进行查处时，有权询问有关当事人，调查与侵犯他人注册商标专用权有关的情况。工商行政管理部门在行使询问、调查权时，既可以到有关当事人的住所、工作场所、生产经营场所进行询问，也可以责令有关当事人到指定场所接受询问，还可以要求当事人将其了解的情况用书面形式提交给工商行政管理部门，甚至可以责令当事人将其掌握的与侵权行为有关的物品、工具、数据等提供给工商行政管理部门。工商行政管理部门在行使询问、调查权时，应当文明、规范，如制作规范的询问笔录，不得限制或者变相限制被询问人的人身自由等。

（2）查阅、复制权。查阅、复制权，是指工商行政管理部门在对涉嫌侵犯他人注册商标专用权的行为进行查处时，有权查阅、复制当事人与侵权活动有关的合同、发票、账簿及其他有关资料。对合同、发票、账簿及其他有关资料进行查阅，可以了解当事人是否实施了商标侵权行为，可以判断商标侵权行为的性质、情节以及危害后果，从而为工商行政管理部门依法作出行政处罚决定等提供依据。对合同、发票、账簿及其他有关资料进行复制，主要是为了保存相关证据。

（3）检查权。检查权，是指工商行政管理部门在对涉嫌侵犯他人注册商标专用权的行为进行查处时，有权检查相关的现场或者物品。检查权可以分为两种：①现场检查权，是指工商行政管理部门在对涉嫌侵犯他人注册商标专用权的行为进行查处时，有权对当事人涉嫌从事侵犯他人注册商标专用权活动的场所实施现场检查。涉嫌从事商标侵权活动的场所，既包括涉嫌从事商标侵权行为的生产加工场所或者经营场所，也包括涉嫌从事商标侵权行为的商品或者商标标识的存放场所等。对于涉嫌从事商标侵权活动的场所，工商行政管理部门有权派人进入，开展进行现场检查。②物品检查权，是指工商行政管理部门在对涉嫌侵犯他人注册商标专用权的行为进行查处时，有权检查与商标侵权活动有关的物品。与商标侵权活动有关的物品，既包括与侵犯他人注册商标专用权活动有关的产品及其包装、商标标识等，也包括主要用于制造侵权商品、伪造注册商标标识的工具等。

（4）查封、扣押权。查封、扣押物品权，是指工商行政管理部门在对涉嫌侵犯他人注册商标专用权的行为进行查处时，有权查封、扣押有证据证明是侵犯他人注册商标专用权的物品。"查封"，是指对侵权物品采用张贴封条等措施，就地封存，未经许可不得启封、转移或者动用。"扣押"，是指对侵权物品采取移至他处予以扣留封存的措施。工商行政管理部门采取查封、扣押措施，应当具备"有证据证明是侵犯他人注册商标专用权的物品"的条件，即在已经掌握了必要证据的情况下，才能实施查封、扣押，而不能仅凭他人举报只是掌握了初步线索等情况就采取这一措施。这里的"物品"，既包括与商标侵权有关的产品及其包装、商标标识等，也包括主要用于制造侵权商品、伪造注册商标标识的工具等。

第六十三条　【侵犯商标专用权的赔偿数额的计算方式】侵犯商标专用权的赔偿数额，按照权利人因被侵权所受到的实际损失确定；实际损失难以确定的，可以按照侵权人因侵权所获得的利益确定；权利人的损失或者侵权人获得的利益难以确定的，参照该商标许可使用费的倍数合理确定。对恶意侵犯商标专用权，情节严重的，可以在按照上述方法确定数额的一倍以上五倍以下确定赔偿数额。赔偿数额应当包括权利人为制止侵权行为所支付的合理开支。

人民法院为确定赔偿数额，在权利人已经尽力举证，而与侵权行为相关的账簿、资料主要由侵权人掌握的情况下，可以责令侵权人提供与侵权行为相关的账簿、资料；侵权人不提供或者提供虚假的账簿、资料的，人民法院可以参考权利人的主张和提供的证据判定赔偿数额。

权利人因被侵权所受到的实际损失、侵权人因侵权所获得的利益、注册商标许可使用费难以确定的，由人民法院根据侵权行为的情节判决给予五百万元以下的赔偿。

人民法院审理商标纠纷案件，应权利人请求，对属于假冒注册商标的商品，除特殊情况外，责令销毁；对主要用于制造假冒注册商标的商品的材料、工具，责令销毁，且不予补偿；或者在特殊情况下，责令禁止前述材料、工具进入商业渠道，且不予补偿。

假冒注册商标的商品不得在仅去除假冒注册商标后进入商业渠道。

注解

本条是2019年修改的条文。加大对侵犯商标专用权行为惩罚力度。对侵犯商标专用权行为，在第1款、第3款中，将恶意侵犯商标专用权的侵权赔偿数额计算倍数由一倍以上三倍以下提高到一倍以上五倍以下，并将法定赔偿数额上限从三百万元提高到五百万元，以给予权利人更加充分的补偿。

并增加第4款、第5款，对假冒注册商标的商品以及主要用于制造假冒注册商标的商品的材料、工具加大处置力度。

配套

《最高人民法院关于审理商标民事纠纷案件适用法律若干问题的解释》第13-17条

第六十四条　【商标侵权纠纷中的免责情形】注册商标专用权人请求赔偿，被控侵权人以注册商标专用权人未使用注册商标提出抗辩的，人民法院可以要求注册商标专用权人提供此前三年内实际使用该注册商标的证据。注册商标专用权人不能证明此前三年内实际使用过该注册商标，也不能证明因侵权行为受到其他损失的，被控侵权人不承担赔偿责任。

销售不知道是侵犯注册商标专用权的商品，能证明该商品是自己合法取得并说明提供者的，不承担赔偿责任。

应用

43. 被控侵权人的免责情形有哪些

本条规定了两种免责情形，一是从专用权人权利瑕疵的角度规定的，二是从销售者无侵权主观故意的角度规定的。

1. 商标专用权人三年内未实际使用注册商标且无其他损失的。

如果注册商标专用权人不能证明此前三年内实际使用过该注册商标，也不能证明因侵权行为受到其他损失的，被控侵权人不承担赔偿责任。

2. 销售者无侵权故意且证明合法取得并说明提供者。

所谓"能证明该商品是自己合法取得"，是指销售者能够提供进货商品的发票、付款凭证以及其他证据，从而证明该商品是通过合法途径取得的。所谓"说明提供者"，是指销售者能够说明进货商品的提供者的姓名或者名称、住所以及其他线索，并且能够查证属实的。

第六十五条　【临时保护措施】商标注册人或者利害关系人有证据证明他人正在实施或者即将实施侵犯其注册商标专用权的行为，如不及时制止将会使其合法权益受到难以弥补的损害的，可以依法在起诉前向人民法院申请采取责令停止有关行为和财产保全的措施。

应用

44. 向人民法院申请采取责令停止有关行为和财产保全的措施应符合哪些条件

根据本条和《民事诉讼法》的有关规定，向人民法院申请采取责令停止有关行为和财产保全的措施，应当符合以下条件：

一是申请人的主体资格。所谓"申请人"，是指向人民法院提出申请，请求人民法院依法采取责令停止有关行为和财产保全的措施，以保护其合法权益的主体。申请人有两种：（1）商标注册人。商标注册人是注册商标专用权的权利主体，其商标专用权受到不法侵害时，有权依照本条规定的条件和程序，向人民法院提出申请，请求人民法院依法采取相关措施。（2）利害关系人。利害关系人是商标注册人以外的，与侵犯商标专用权的行为有直接利害关系的其他人。按照《最高人民法院关于审理商标民事纠纷案件适用法律若干问题的解释》的规定，"利害关系人"包括注册商标使用许可合同的被许可人、注册商标财产权利的合法继承人等。

二是向法院提交相关证据。申请法院采取责令停止有关行为和财产保的措施，应当向法院提交证据，申请人提交的证据，应当能够证明他人正在实施或者即将实施侵犯其注册商标专用权的行为，如不及时制止将会使其合法权益受到难以弥补的损害的。证据包括当事人的陈述、书证、物证、视听资料、电子数据、证人证言、鉴定意见、勘验笔录等。

三是申请应当在起诉前提出。申请人申请人民法院依法采取责令停止有关行为和财产保全的措施，应当在其正式起诉以前，向人民法院提出。由法院采取责令停止有关行为和财产保全的措施，属于临时性的紧急措施，具有一定的时限性，目的是防止"合法权益受到难以弥补的损害"。如果申请人已经起诉，在诉讼过程中认为有必要制止侵权行为人继续实施侵权行为的，可以依法申请采取诉讼中的财产保全措施。

配套

《中华人民共和国知识产权海关保护条例》第 23 条；《最高人民法院关于知识产权民事诉讼证据的若干规定》；《最高人民法院关于人民法院对注册商标权进行财产保全的解释》

第六十六条　【证据保全】为制止侵权行为，在证据可能灭失或者以后难以取得的情况下，商标注册人或者利害关系人可以依法在起诉前向人民法院申请保全证据。

应用

45. 申请人在诉前申请人民法院保全证据应当符合哪些条件

根据本条的规定，申请人在诉前申请人民法院保全证据，应当符合以下条件：

一是申请人的范围，必须是"商标注册人"或者"利害关系人"。除此之外的其他人，不得依据本条规定申请人民法院保全证据。

二是申请证据保全的目的，是为了制止侵权行为，即商标法规定的 7 类侵犯注册商标专用权的行为。

三是证据存在灭失等可能的，即申请人申请保全的证据，必须具备"可能灭失"或者"以后难以取得"的情形。所谓"可能灭失"，是指因证据的自然特征、性质，或者因人为因素，使证据有灭失的可能。所谓"以后难以取得"，是指由于客观情况的变化，证据在今后不能取得，或者虽然可以取得但会失去其作用的情形。

配套

《最高人民法院关于知识产权民事诉讼证据的若干规定》；《最高人民法院关于审理商标案件有关管辖和法律适用范围问题的解释》第7条

第六十七条 【刑事责任】未经商标注册人许可，在同一种商品上使用与其注册商标相同的商标，构成犯罪的，除赔偿被侵权人的损失外，依法追究刑事责任。

伪造、擅自制造他人注册商标标识或者销售伪造、擅自制造的注册商标标识，构成犯罪的，除赔偿被侵权人的损失外，依法追究刑事责任。

销售明知是假冒注册商标的商品，构成犯罪的，除赔偿被侵权人的损失外，依法追究刑事责任。

应 用

46. 如何认定假冒注册商标犯罪的非法经营数额、违法所得数额

假冒注册商标犯罪的非法经营数额、违法所得数额，应当综合被告人供述、证人证言、被害人陈述、网络销售电子数据、被告人银行账户往来记录、送货单、快递公司电脑系统记录、被告人等所作记账等证据认定。被告人辩解称网络销售记录存在刷信誉的不真实交易，但无证据证实的，对其辩解不予采纳。（最高人民法院指导案例87号：郭明升、郭明锋、孙淑标假冒注册商标案）

配 套

《刑法》第213-215条；《最高人民法院、最高人民检察院关于办理侵犯知识产权刑事案件具体应用法律若干问题的解释》第1-3、8-9、12-13、15-16条

第六十八条 【商标代理机构的责任】商标代理机构有下列行为之一的，由工商行政管理部门责令限期改正，给予警告，处一万元以上十万元以下的罚款；对直接负责的主管人员和其他直

接责任人员给予警告，处五千元以上五万元以下的罚款；构成犯罪的，依法追究刑事责任：

（一）办理商标事宜过程中，伪造、变造或者使用伪造、变造的法律文件、印章、签名的；

（二）以诋毁其他商标代理机构等手段招徕商标代理业务或者以其他不正当手段扰乱商标代理市场秩序的；

（三）违反本法第四条、第十九条第三款和第四款规定的。

商标代理机构有前款规定行为的，由工商行政管理部门记入信用档案；情节严重的，商标局、商标评审委员会并可以决定停止受理其办理商标代理业务，予以公告。

商标代理机构违反诚实信用原则，侵害委托人合法利益的，应当依法承担民事责任，并由商标代理行业组织按照章程规定予以惩戒。

对恶意申请商标注册的，根据情节给予警告、罚款等行政处罚；对恶意提起商标诉讼的，由人民法院依法给予处罚。

应 用

47. 如何界定"不正当手段"

根据《商标法实施条例》第88条的规定，下列行为属于商标法第68条第一款第二项规定的以其他不正当手段扰乱商标代理市场秩序的行为：

（一）以欺诈、虚假宣传、引人误解或者商业贿赂等方式招徕业务的；

（二）隐瞒事实，提供虚假证据，或者威胁、诱导他人隐瞒事实，提供虚假证据的；

（三）在同一商标案件中接受有利益冲突的双方当事人委托的。

第六十九条 【商标监管机构及其人员的行为要求】从事商标注册、管理和复审工作的国家机关工作人员必须秉公执法，廉洁自律，忠于职守，文明服务。

商标局、商标评审委员会以及从事商标注册、管理和复审工作的国家机关工作人员不得从事商标代理业务和商品生产经营活动。

第七十条 【工商行政管理部门的内部监督】工商行政管理部门应当建立健全内部监督制度，对负责商标注册、管理和复审工作的国家机关工作人员执行法律、行政法规和遵守纪律的情况，进行监督检查。

第七十一条 【相关工作人员的法律责任】从事商标注册、管理和复审工作的国家机关工作人员玩忽职守、滥用职权、徇私舞弊，违法办理商标注册、管理和复审事项，收受当事人财物，牟取不正当利益，构成犯罪的，依法追究刑事责任；尚不构成犯罪的，依法给予处分。

`应 用`

48. 如何对从事商标管理的国家机关工作人员的刑事责任进行认定

根据全国人大常委会《关于〈中华人民共和国刑法〉第九章渎职罪主体适用问题的解释》的规定，在依照法律、法规规定行使国家行政管理职权的组织中从事公务的人员，或者在受国家机关委托代表国家机关行使职权的组织中从事公务的人员，或者虽未列入国家机关人员编制但在国家机关中从事公务的人员，在代表国家机关行使职权时，有渎职行为，构成犯罪的，依照刑法关于渎职罪的规定追究刑事责任。烟草专卖局系接受有关国家行政机关的委托，代表有关国家机关依法行使烟草专卖市场稽查和查处违反烟草专卖行为等行政执法权的组织。因此，烟草专卖局的工作人员在代表国家机关行使职权时，有渎职行为，构成犯罪的，应当依照刑法关于渎职罪的规定追究刑事责任。

根据《刑法》第417条的规定，帮助犯罪分子逃避处罚罪是指有查禁犯罪活动职责的国家机关工作人员，向犯罪分子通风报信、提供便利，帮助犯罪分子逃避处罚的行为。该条规定的"查禁犯罪活动职责"，不仅是指司法机关依法负有的刑事侦查、检察、审判、刑罚执行等职责，也包括法律赋予相关行政机关的查禁犯罪活动的职责。烟草专卖局接受有关国家行政机关的委托，代表有关国家机关依法行使烟草专卖市场稽查和查处违反烟草专卖行为等行政执法权。根据国家烟草专卖局《烟草专卖行政处罚程序规定》第二十九条的规定，发现违反烟草专卖规定的违法行为构成犯罪时，相关工作人员应当依法将案件移送司法机关处理。据此，烟草专卖局及其工作人员具有查禁违反烟草专卖的犯罪活动的职责。烟草专卖局稽查队的工作人员在履职过程中，采用通风报信的手法，多次将突击检查假烟销售行动的部署安排透露给销售假烟的犯罪分子，致使犯罪分子逃避刑事处罚的，构成帮助犯罪分子逃避处罚罪。(《最高人民法院公报》2009 年第 6 期：上海市静安区人民检察院诉黄春海帮助犯罪分子逃避处罚、销售假冒注册商标的商品案)

配套

《刑法》第 385、397 条

第八章　附　　则

第七十二条　**【商标规费】**申请商标注册和办理其他商标事宜的，应当缴纳费用，具体收费标准另定。

注解

本条是关于办理商标事宜应当缴纳费用的规定。

要求当事人在办理商标事宜时缴纳费用，是国际上的通行做法。因为商标注册、管理、复审机关在审查商标注册申请或者办理其他商标事宜时，需要支付很大的成本。此外，规定办理商标事宜应当缴纳费用，即要求商标专用权人在取得、保护其商标专用权时支付一定的成本，有助于商标专用权人更加积极地维护其使用注册商标的商品和服务的质量和信誉，保护其商标专用权不受他人侵害。

第七十三条　**【时间效力】**本法自 1983 年 3 月 1 日起施行。1963 年 4 月 10 日国务院公布的《商标管理条例》同时废止；其他有关商标管理的规定，凡与本法抵触的，同时失效。

本法施行前已经注册的商标继续有效。

配 套 法 规

一、综　　合

中华人民共和国刑法（节录）

（1979 年 7 月 1 日第五届全国人民代表大会第二次会议通过　1997 年 3 月 14 日第八届全国人民代表大会第五次会议修订　根据 1998 年 12 月 29 日第九届全国人民代表大会常务委员会第六次会议通过的《全国人民代表大会常务委员会关于惩治骗购外汇、逃汇和非法买卖外汇犯罪的决定》、1999 年 12 月 25 日第九届全国人民代表大会常务委员会第十三次会议通过的《中华人民共和国刑法修正案》、2001 年 8 月 31 日第九届全国人民代表大会常务委员会第二十三次会议通过的《中华人民共和国刑法修正案（二）》、2001 年 12 月 29 日第九届全国人民代表大会常务委员会第二十五次会议通过的《中华人民共和国刑法修正案（三）》、2002 年 12 月 28 日第九届全国人民代表大会常务委员会第三十一次会议通过的《中华人民共和国刑法修正案（四）》、2005 年 2 月 28 日第十届全国人民代表大会常务委员会第十四次会议通过的《中华人民共和国刑法修正案（五）》、2006 年 6 月 29 日第十届全国人民代表大会常务委员会第二十二次会议通过的《中华人民共和国刑法修正案（六）》、2009 年 2 月 28 日第十一届全国人民代表大会常务委员会第七次会议通过的《中华人民共和国刑法修正案（七）》、2009 年 8 月 27 日第十一届全国人民代表大会常务委员会第十次会议通过的《全国人民代表大会常务委员会关于修改部分法律的决定》、2011 年 2 月 25 日第十一届全国人民代表大会常务委员会第十九次会议通过的《中华人民共和国刑法修正案（八）》、2015 年 8 月 29 日第十二届全国人民代表大会常务委员会第十六次会议通过的《中华人民共和国刑法修正案（九）》、2017 年 11 月 4 日第十二届全国人民代表大会常务委员会第三十次会议通过的《中华人民共和国刑法修正案（十）》和 2020 年 12 月 26 日第十三届全国人民代表大会常务委员会第二十四次会议通过的《中华人民共和国刑法修正案（十一）》修正)①

......

第二百一十三条　未经注册商标所有人许可，在同一种商品、服务上使用与其注册商标相同的商标，情节严重的，处三年以下有期徒刑，并处或者单处罚金；情节特别严重的，处三年以上十年以下有期徒刑，并处罚金。

第二百一十四条　销售明知是假冒注册商标的商品，违法所得数额较大或者有其他严重情节的，处三年以下有期徒刑，并处或者单处罚金；违法所得数额巨大或者有其他特别严重情节的，处三年以上十年以下有期徒刑，并处罚金。

第二百一十五条　伪造、擅自制造他人注册商标标识或者销售伪造、擅自制造的注册商标标识，情节严重的，处三年以下有期徒刑，并处或者单处罚金；情节特别严重的，处三年以上十年以下有

---

① 刑法、历次刑法修正案、涉及修改刑法的决定的施行日期，分别依据各法律所规定的施行日期确定。

期徒刑，并处罚金。

......

第二百二十条　**【单位犯侵犯知识产权罪的处罚规定】**单位犯本节第二百一十三条至第二百一十九条之一规定之罪的，对单位判处罚金，并对其直接负责的主管人员和其他直接责任人员，依照本节各该条的规定处罚。

......

中华人民共和国民法典（节录）

（2020年5月28日第十三届全国人民代表大会第三次会议通过　2020年5月28日中华人民共和国主席令第45号公布　自2021年1月1日起施行）

......

第一百二十三条　民事主体依法享有知识产权。

知识产权是权利人依法就下列客体享有的专有的权利：

（一）作品；

（二）发明、实用新型、外观设计；

（三）商标；

（四）地理标志；

（五）商业秘密；

（六）集成电路布图设计；

（七）植物新品种；

（八）法律规定的其他客体。

......

中华人民共和国反不正当竞争法

(1993 年 9 月 2 日第八届全国人民代表大会常务委员会第三次会议通过 2017 年 11 月 4 日第十二届全国人民代表大会常务委员会第三十次会议修订 根据 2019 年 4 月 23 日第十三届全国人民代表大会常务委员会第十次会议《关于修改〈中华人民共和国建筑法〉等八部法律的决定》修正)

第一章 总 则

第一条 为了促进社会主义市场经济健康发展，鼓励和保护公平竞争，制止不正当竞争行为，保护经营者和消费者的合法权益，制定本法。

第二条 经营者在生产经营活动中，应当遵循自愿、平等、公平、诚信的原则，遵守法律和商业道德。

本法所称的不正当竞争行为，是指经营者在生产经营活动中，违反本法规定，扰乱市场竞争秩序，损害其他经营者或者消费者的合法权益的行为。

本法所称的经营者，是指从事商品生产、经营或者提供服务（以下所称商品包括服务）的自然人、法人和非法人组织。

第三条 各级人民政府应当采取措施，制止不正当竞争行为，为公平竞争创造良好的环境和条件。

国务院建立反不正当竞争工作协调机制，研究决定反不正当竞争重大政策，协调处理维护市场竞争秩序的重大问题。

第四条 县级以上人民政府履行工商行政管理职责的部门对不正当竞争行为进行查处；法律、行政法规规定由其他部门查处的，依照其规定。

第五条 国家鼓励、支持和保护一切组织和个人对不正当竞争行为进行社会监督。

国家机关及其工作人员不得支持、包庇不正当竞争行为。

行业组织应当加强行业自律，引导、规范会员依法竞争，维护市场竞争秩序。

第二章　不正当竞争行为

第六条 经营者不得实施下列混淆行为，引人误认为是他人商品或者与他人存在特定联系：

（一）擅自使用与他人有一定影响的商品名称、包装、装潢等相同或者近似的标识；

（二）擅自使用他人有一定影响的企业名称（包括简称、字号等）、社会组织名称（包括简称等）、姓名（包括笔名、艺名、译名等）；

（三）擅自使用他人有一定影响的域名主体部分、网站名称、网页等；

（四）其他足以引人误认为是他人商品或者与他人存在特定联系的混淆行为。

第七条 经营者不得采用财物或者其他手段贿赂下列单位或者个人，以谋取交易机会或者竞争优势：

（一）交易相对方的工作人员；

（二）受交易相对方委托办理相关事务的单位或者个人；

（三）利用职权或者影响力影响交易的单位或者个人。

经营者在交易活动中，可以以明示方式向交易相对方支付折扣，或者向中间人支付佣金。经营者向交易相对方支付折扣、向中间人支付佣金的，应当如实入账。接受折扣、佣金的经营者也应当如实入账。

经营者的工作人员进行贿赂的，应当认定为经营者的行为；但是，经营者有证据证明该工作人员的行为与为经营者谋取交易机会或者竞争优势无关的除外。

第八条 经营者不得对其商品的性能、功能、质量、销售状况、用户评价、曾获荣誉等作虚假或者引人误解的商业宣传，欺骗、误导消费者。

经营者不得通过组织虚假交易等方式，帮助其他经营者进行虚假或者引人误解的商业宣传。

第九条 经营者不得实施下列侵犯商业秘密的行为：

（一）以盗窃、贿赂、欺诈、胁迫、电子侵入或者其他不正当手段获取权利人的商业秘密；

（二）披露、使用或者允许他人使用以前项手段获取的权利人的商业秘密；

（三）违反保密义务或者违反权利人有关保守商业秘密的要求，披露、使用或者允许他人使用其所掌握的商业秘密；

（四）教唆、引诱、帮助他人违反保密义务或者违反权利人有关保守商业秘密的要求，获取、披露、使用或者允许他人使用权利人的商业秘密。

经营者以外的其他自然人、法人和非法人组织实施前款所列违法行为的，视为侵犯商业秘密。

第三人明知或者应知商业秘密权利人的员工、前员工或者其他单位、个人实施本条第一款所列违法行为，仍获取、披露、使用或者允许他人使用该商业秘密的，视为侵犯商业秘密。

本法所称的商业秘密，是指不为公众所知悉、具有商业价值并经权利人采取相应保密措施的技术信息、经营信息等商业信息。

第十条 经营者进行有奖销售不得存在下列情形：

（一）所设奖的种类、兑奖条件、奖金金额或者奖品等有奖销售信息不明确，影响兑奖；

（二）采用谎称有奖或者故意让内定人员中奖的欺骗方式进行有奖销售；

（三）抽奖式的有奖销售，最高奖的金额超过五万元。

第十一条 经营者不得编造、传播虚假信息或者误导性信息，损害竞争对手的商业信誉、商品声誉。

第十二条 经营者利用网络从事生产经营活动，应当遵守本法的各项规定。

经营者不得利用技术手段，通过影响用户选择或者其他方式，实施下列妨碍、破坏其他经营者合法提供的网络产品或者服务正常运行的行为：

（一）未经其他经营者同意，在其合法提供的网络产品或者服务中，插入链接、强制进行目标跳转；

（二）误导、欺骗、强迫用户修改、关闭、卸载其他经营者合法提供的网络产品或者服务；

（三）恶意对其他经营者合法提供的网络产品或者服务实施不兼容；

（四）其他妨碍、破坏其他经营者合法提供的网络产品或者服务正常运行的行为。

第三章 对涉嫌不正当竞争行为的调查

第十三条 监督检查部门调查涉嫌不正当竞争行为，可以采取下列措施：

（一）进入涉嫌不正当竞争行为的经营场所进行检查；

（二）询问被调查的经营者、利害关系人及其他有关单位、个人，要求其说明有关情况或者提供与被调查行为有关的其他资料；

（三）查询、复制与涉嫌不正当竞争行为有关的协议、账簿、单据、文件、记录、业务函电和其他资料；

（四）查封、扣押与涉嫌不正当竞争行为有关的财物；

（五）查询涉嫌不正当竞争行为的经营者的银行账户。

采取前款规定的措施，应当向监督检查部门主要负责人书面报告，并经批准。采取前款第四项、第五项规定的措施，应当向设区的市级以上人民政府监督检查部门主要负责人书面报告，并经批准。

监督检查部门调查涉嫌不正当竞争行为，应当遵守《中华人民共和国行政强制法》和其他有关法律、行政法规的规定，并应当将查处结果及时向社会公开。

第十四条 监督检查部门调查涉嫌不正当竞争行为，被调查的经营者、利害关系人及其他有关单位、个人应当如实提供有关资料或者情况。

第十五条 监督检查部门及其工作人员对调查过程中知悉的商业秘密负有保密义务。

第十六条 对涉嫌不正当竞争行为，任何单位和个人有权向监督检查部门举报，监督检查部门接到举报后应当依法及时处理。

监督检查部门应当向社会公开受理举报的电话、信箱或者电子邮件地址，并为举报人保密。对实名举报并提供相关事实和证据的，监督检查部门应当将处理结果告知举报人。

第四章　法律责任

第十七条 经营者违反本法规定，给他人造成损害的，应当依法承担民事责任。

经营者的合法权益受到不正当竞争行为损害的，可以向人民法院提起诉讼。

因不正当竞争行为受到损害的经营者的赔偿数额，按照其因被侵权所受到的实际损失确定；实际损失难以计算的，按照侵权人因侵权所获得的利益确定。经营者恶意实施侵犯商业秘密行为，情节严重的，可以在按照上述方法确定数额的一倍以上五倍以下确定赔偿数额。赔偿数额还应当包括经营者为制止侵权行为所支付的合理开支。

经营者违反本法第六条、第九条规定，权利人因被侵权所受到的实际损失、侵权人因侵权所获得的利益难以确定的，由人民法院根据侵权行为的情节判决给予权利人五百万元以下的赔偿。

第十八条　经营者违反本法第六条规定实施混淆行为的，由监督检查部门责令停止违法行为，没收违法商品。违法经营额五万元以上的，可以并处违法经营额五倍以下的罚款；没有违法经营额或者违法经营额不足五万元的，可以并处二十五万元以下的罚款。情节严重的，吊销营业执照。

经营者登记的企业名称违反本法第六条规定的，应当及时办理名称变更登记；名称变更前，由原企业登记机关以统一社会信用代码代替其名称。

第十九条　经营者违反本法第七条规定贿赂他人的，由监督检查部门没收违法所得，处十万元以上三百万元以下的罚款。情节严重的，吊销营业执照。

第二十条　经营者违反本法第八条规定对其商品作虚假或者引人误解的商业宣传，或者通过组织虚假交易等方式帮助其他经营者进行虚假或者引人误解的商业宣传的，由监督检查部门责令停止违法行为，处二十万元以上一百万元以下的罚款；情节严重的，处一百万元以上二百万元以下的罚款，可以吊销营业执照。

经营者违反本法第八条规定，属于发布虚假广告的，依照《中华人民共和国广告法》的规定处罚。

第二十一条　经营者以及其他自然人、法人和非法人组织违反本法第九条规定侵犯商业秘密的，由监督检查部门责令停止违法行为，没收违法所得，处十万元以上一百万元以下的罚款；情节严重的，处五十万元以上五百万元以下的罚款。

第二十二条　经营者违反本法第十条规定进行有奖销售的，由监督检查部门责令停止违法行为，处五万元以上五十万元以下的罚款。

第二十三条　经营者违反本法第十一条规定损害竞争对手商业信誉、商品声誉的，由监督检查部门责令停止违法行为、消除影响，处十万元以上五十万元以下的罚款；情节严重的，处五十万元以上三百万元以下的罚款。

第二十四条　经营者违反本法第十二条规定妨碍、破坏其他经营者合法提供的网络产品或者服务正常运行的，由监督检查部门责令停止违法行为，处十万元以上五十万元以下的罚款；情节严重的，处五十万元以上三百万元以下的罚款。

第二十五条　经营者违反本法规定从事不正当竞争，有主动消除或者减轻违法行为危害后果等法定情形的，依法从轻或者减轻行政处罚；违法行为轻微并及时纠正，没有造成危害后果的，不予行政处罚。

第二十六条　经营者违反本法规定从事不正当竞争，受到行政处罚的，由监督检查部门记入信用记录，并依照有关法律、行政法规的规定予以公示。

第二十七条　经营者违反本法规定，应当承担民事责任、行政责任和刑事责任，其财产不足以支付的，优先用于承担民事责任。

第二十八条　妨害监督检查部门依照本法履行职责，拒绝、阻碍调查的，由监督检查部门责令改正，对个人可以处五千元以下的罚款，对单位可以处五万元以下的罚款，并可以由公安机关依法给予治安管理处罚。

第二十九条　当事人对监督检查部门作出的决定不服的，可以依法申请行政复议或者提起行政诉讼。

第三十条　监督检查部门的工作人员滥用职权、玩忽职守、徇私舞弊或者泄露调查过程中知悉的商业秘密的，依法给予处分。

第三十一条　违反本法规定，构成犯罪的，依法追究刑事责任。

第三十二条　在侵犯商业秘密的民事审判程序中，商业秘密权利人提供初步证据，证明其已经对所主张的商业秘密采取保密措施，且合理表明商业秘密被侵犯，涉嫌侵权人应当证明权利人所主张的商业秘密不属于本法规定的商业秘密。

商业秘密权利人提供初步证据合理表明商业秘密被侵犯，且提供以下证据之一的，涉嫌侵权人应当证明其不存在侵犯商业秘密的

行为:

(一) 有证据表明涉嫌侵权人有渠道或者机会获取商业秘密,且其使用的信息与该商业秘密实质上相同;

(二) 有证据表明商业秘密已经被涉嫌侵权人披露、使用或者有被披露、使用的风险;

(三) 有其他证据表明商业秘密被涉嫌侵权人侵犯。

第五章 附 则

第三十三条 本法自 2018 年 1 月 1 日起施行。

中华人民共和国商标法实施条例

(2002 年 8 月 3 日中华人民共和国国务院令第 358 号公布 2014 年 4 月 29 日中华人民共和国国务院令第 651 号修订公布 自 2014 年 5 月 1 日起施行)

第一章 总 则

第一条 根据《中华人民共和国商标法》(以下简称商标法),制定本条例。

第二条 本条例有关商品商标的规定,适用于服务商标。

第三条 商标持有人依照商标法第十三条规定请求驰名商标保护的,应当提交其商标构成驰名商标的证据材料。商标局、商标评审委员会应当依照商标法第十四条的规定,根据审查、处理案件的需要以及当事人提交的证据材料,对其商标驰名情况作出认定。

第四条 商标法第十六条规定的地理标志,可以依照商标法和本条例的规定,作为证明商标或者集体商标申请注册。

以地理标志作为证明商标注册的，其商品符合使用该地理标志条件的自然人、法人或者其他组织可以要求使用该证明商标，控制该证明商标的组织应当允许。以地理标志作为集体商标注册的，其商品符合使用该地理标志条件的自然人、法人或者其他组织，可以要求参加以该地理标志作为集体商标注册的团体、协会或者其他组织，该团体、协会或者其他组织应当依据其章程接纳为会员；不要求参加以该地理标志作为集体商标注册的团体、协会或者其他组织的，也可以正当使用该地理标志，该团体、协会或者其他组织无权禁止。

第五条 当事人委托商标代理机构申请商标注册或者办理其他商标事宜，应当提交代理委托书。代理委托书应当载明代理内容及权限；外国人或者外国企业的代理委托书还应当载明委托人的国籍。

外国人或者外国企业的代理委托书及与其有关的证明文件的公证、认证手续，按照对等原则办理。

申请商标注册或者转让商标，商标注册申请人或者商标转让受让人为外国人或者外国企业的，应当在申请书中指定中国境内接收人负责接收商标局、商标评审委员会后继商标业务的法律文件。商标局、商标评审委员会后继商标业务的法律文件向中国境内接收人送达。

商标法第十八条所称外国人或者外国企业，是指在中国没有经常居所或者营业所的外国人或者外国企业。

第六条 申请商标注册或者办理其他商标事宜，应当使用中文。

依照商标法和本条例规定提交的各种证件、证明文件和证据材料是外文的，应当附送中文译文；未附送的，视为未提交该证件、证明文件或者证据材料。

第七条 商标局、商标评审委员会工作人员有下列情形之一的，应当回避，当事人或者利害关系人可以要求其回避：

（一）是当事人或者当事人、代理人的近亲属的；

（二）与当事人、代理人有其他关系，可能影响公正的；

（三）与申请商标注册或者办理其他商标事宜有利害关系的。

第八条 以商标法第二十二条规定的数据电文方式提交商标注

册申请等有关文件，应当按照商标局或者商标评审委员会的规定通过互联网提交。

第九条　除本条例第十八条规定的情形外，当事人向商标局或者商标评审委员会提交文件或者材料的日期，直接递交的，以递交日为准；邮寄的，以寄出的邮戳日为准；邮戳日不清晰或者没有邮戳的，以商标局或者商标评审委员会实际收到日为准，但是当事人能够提出实际邮戳日证据的除外。通过邮政企业以外的快递企业递交的，以快递企业收寄日为准；收寄日不明确的，以商标局或者商标评审委员会实际收到日为准，但是当事人能够提出实际收寄日证据的除外。以数据电文方式提交的，以进入商标局或者商标评审委员会电子系统的日期为准。

当事人向商标局或者商标评审委员会邮寄文件，应当使用给据邮件。

当事人向商标局或者商标评审委员会提交文件，以书面方式提交的，以商标局或者商标评审委员会所存档案记录为准；以数据电文方式提交的，以商标局或者商标评审委员会数据库记录为准，但是当事人确有证据证明商标局或者商标评审委员会档案、数据库记录有错误的除外。

第十条　商标局或者商标评审委员会的各种文件，可以通过邮寄、直接递交、数据电文或者其他方式送达当事人；以数据电文方式送达当事人的，应当经当事人同意。当事人委托商标代理机构的，文件送达商标代理机构视为送达当事人。

商标局或者商标评审委员会向当事人送达各种文件的日期，邮寄的，以当事人收到的邮戳日为准；邮戳日不清晰或者没有邮戳的，自文件发出之日起满 15 日视为送达当事人，但是当事人能够证明实际收到日的除外；直接递交的，以递交日为准；以数据电文方式送达的，自文件发出之日起满 15 日视为送达当事人，但是当事人能够证明文件进入其电子系统日期的除外。文件通过上述方式无法送达的，可以通过公告方式送达，自公告发布之日起满 30 日，该文件视为送达当事人。

第十一条 下列期间不计入商标审查、审理期限：

（一）商标局、商标评审委员会文件公告送达的期间；

（二）当事人需要补充证据或者补正文件的期间以及因当事人更换需要重新答辩的期间；

（三）同日申请提交使用证据及协商、抽签需要的期间；

（四）需要等待优先权确定的期间；

（五）审查、审理过程中，依案件申请人的请求等待在先权利案件审理结果的期间。

第十二条 除本条第二款规定的情形外，商标法和本条例规定的各种期限开始的当日不计算在期限内。期限以年或者月计算的，以期限最后一月的相应日为期限届满日；该月无相应日的，以该月最后一日为期限届满日；期限届满日是节假日的，以节假日后的第一个工作日为期限届满日。

商标法第三十九条、第四十条规定的注册商标有效期从法定日开始起算，期限最后一月相应日的前一日为期限届满日，该月无相应日的，以该月最后一日为期限届满日。

第二章　商标注册的申请

第十三条 申请商标注册，应当按照公布的商品和服务分类表填报。每一件商标注册申请应当向商标局提交《商标注册申请书》1份、商标图样1份；以颜色组合或者着色图样申请商标注册的，应当提交着色图样，并提交黑白稿1份；不指定颜色的，应当提交黑白图样。

商标图样应当清晰，便于粘贴，用光洁耐用的纸张印制或者用照片代替，长和宽应当不大于10厘米，不小于5厘米。

以三维标志申请商标注册的，应当在申请书中予以声明，说明商标的使用方式，并提交能够确定三维形状的图样，提交的商标图样应当至少包含三面视图。

以颜色组合申请商标注册的，应当在申请书中予以声明，说明商标的使用方式。

以声音标志申请商标注册的，应当在申请书中予以声明，提交符合要求的声音样本，对申请注册的声音商标进行描述，说明商标的使用方式。对声音商标进行描述，应当以五线谱或者简谱对申请用作商标的声音加以描述并附加文字说明；无法以五线谱或者简谱描述的，应当以文字加以描述；商标描述与声音样本应当一致。

申请注册集体商标、证明商标的，应当在申请书中予以声明，并提交主体资格证明文件和使用管理规则。

商标为外文或者包含外文的，应当说明含义。

第十四条 申请商标注册的，申请人应当提交其身份证明文件。商标注册申请人的名义与所提交的证明文件应当一致。

前款关于申请人提交其身份证明文件的规定适用于向商标局提出的办理变更、转让、续展、异议、撤销等其他商标事宜。

第十五条 商品或者服务项目名称应当按照商品和服务分类表中的类别号、名称填写；商品或者服务项目名称未列入商品和服务分类表的，应当附送对该商品或者服务的说明。

商标注册申请等有关文件以纸质方式提出的，应当打字或者印刷。

本条第二款规定适用于办理其他商标事宜。

第十六条 共同申请注册同一商标或者办理其他共有商标事宜的，应当在申请书中指定一个代表人；没有指定代表人的，以申请书中顺序排列的第一人为代表人。

商标局和商标评审委员会的文件应当送达代表人。

第十七条 申请人变更其名义、地址、代理人、文件接收人或者删减指定的商品的，应当向商标局办理变更手续。

申请人转让其商标注册申请的，应当向商标局办理转让手续。

第十八条 商标注册的申请日期以商标局收到申请文件的日期

为准。

商标注册申请手续齐备、按照规定填写申请文件并缴纳费用的，商标局予以受理并书面通知申请人；申请手续不齐备、未按照规定填写申请文件或者未缴纳费用的，商标局不予受理，书面通知申请人并说明理由。申请手续基本齐备或者申请文件基本符合规定，但是需要补正的，商标局通知申请人予以补正，限其自收到通知之日起30日内，按照指定内容补正并交回商标局。在规定期限内补正并交回商标局的，保留申请日期；期满未补正的或者不按照要求进行补正的，商标局不予受理并书面通知申请人。

本条第二款关于受理条件的规定适用于办理其他商标事宜。

第十九条 两个或者两个以上的申请人，在同一种商品或者类似商品上，分别以相同或者近似的商标在同一天申请注册的，各申请人应当自收到商标局通知之日起30日内提交其申请注册前在先使用该商标的证据。同日使用或者均未使用的，各申请人可以自收到商标局通知之日起30日内自行协商，并将书面协议报送商标局；不愿协商或者协商不成的，商标局通知各申请人以抽签的方式确定一个申请人，驳回其他人的注册申请。商标局已经通知但申请人未参加抽签的，视为放弃申请，商标局应当书面通知未参加抽签的申请人。

第二十条 依照商标法第二十五条规定要求优先权的，申请人提交的第一次提出商标注册申请文件的副本应当经受理该申请的商标主管机关证明，并注明申请日期和申请号。

第三章 商标注册申请的审查

第二十一条 商标局对受理的商标注册申请，依照商标法及本条例的有关规定进行审查，对符合规定或者在部分指定商品上使用商标的注册申请符合规定的，予以初步审定，并予以公告；对不符合规定或者在部分指定商品上使用商标的注册申请不符合规定的，予以驳回或者驳回在部分指定商品上使用商标的注册申请，书面通知申请人并说明理由。

第二十二条　商标局对一件商标注册申请在部分指定商品上予以驳回的，申请人可以将该申请中初步审定的部分申请分割成另一件申请，分割后的申请保留原申请的申请日期。

需要分割的，申请人应当自收到商标局《商标注册申请部分驳回通知书》之日起 15 日内，向商标局提出分割申请。

商标局收到分割申请后，应当将原申请分割为两件，对分割出来的初步审定申请生成新的申请号，并予以公告。

第二十三条　依照商标法第二十九条规定，商标局认为对商标注册申请内容需要说明或者修正的，申请人应当自收到商标局通知之日起 15 日内作出说明或者修正。

第二十四条　对商标局初步审定予以公告的商标提出异议的，异议人应当向商标局提交下列商标异议材料一式两份并标明正、副本：

（一）商标异议申请书；

（二）异议人的身份证明；

（三）以违反商标法第十三条第二款和第三款、第十五条、第十六条第一款、第三十条、第三十一条、第三十二条规定为由提出异议的，异议人作为在先权利人或者利害关系人的证明。

商标异议申请书应当有明确的请求和事实依据，并附送有关证据材料。

第二十五条　商标局收到商标异议申请书后，经审查，符合受理条件的，予以受理，向申请人发出受理通知书。

第二十六条　商标异议申请有下列情形的，商标局不予受理，书面通知申请人并说明理由：

（一）未在法定期限内提出的；

（二）申请人主体资格、异议理由不符合商标法第三十三条规定的；

（三）无明确的异议理由、事实和法律依据的；

（四）同一异议人以相同的理由、事实和法律依据针对同一商标再次提出异议申请的。

第二十七条 商标局应当将商标异议材料副本及时送交被异议人，限其自收到商标异议材料副本之日起 30 日内答辩。被异议人不答辩的，不影响商标局作出决定。

当事人需要在提出异议申请或者答辩后补充有关证据材料的，应当在商标异议申请书或者答辩书中声明，并自提交商标异议申请书或者答辩书之日起 3 个月内提交；期满未提交的，视为当事人放弃补充有关证据材料。但是，在期满后生成或者当事人有其他正当理由未能在期满前提交的证据，在期满后提交的，商标局将证据交对方当事人并质证后可以采信。

第二十八条 商标法第三十五条第三款和第三十六条第一款所称不予注册决定，包括在部分指定商品上不予注册决定。

被异议商标在商标局作出准予注册决定或者不予注册决定前已经刊发注册公告的，撤销该注册公告。经审查异议不成立而准予注册的，在准予注册决定生效后重新公告。

第二十九条 商标注册申请人或者商标注册人依照商标法第三十八条规定提出更正申请的，应当向商标局提交更正申请书。符合更正条件的，商标局核准后更正相关内容；不符合更正条件的，商标局不予核准，书面通知申请人并说明理由。

已经刊发初步审定公告或者注册公告的商标经更正的，刊发更正公告。

第四章　注册商标的变更、转让、续展

第三十条 变更商标注册人名义、地址或者其他注册事项的，应当向商标局提交变更申请书。变更商标注册人名义的，还应当提交有关登记机关出具的变更证明文件。商标局核准的，发给商标注册人相应证明，并予以公告；不予核准的，应当书面通知申请人并

说明理由。

变更商标注册人名义或者地址的，商标注册人应当将其全部注册商标一并变更；未一并变更的，由商标局通知其限期改正；期满未改正的，视为放弃变更申请，商标局应当书面通知申请人。

第三十一条 转让注册商标的，转让人和受让人应当向商标局提交转让注册商标申请书。转让注册商标申请手续应当由转让人和受让人共同办理。商标局核准转让注册商标申请的，发给受让人相应证明，并予以公告。

转让注册商标，商标注册人对其在同一种或者类似商品上注册的相同或者近似的商标未一并转让的，由商标局通知其限期改正；期满未改正的，视为放弃转让该注册商标的申请，商标局应当书面通知申请人。

第三十二条 注册商标专用权因转让以外的继承等其他事由发生移转的，接受该注册商标专用权的当事人应当凭有关证明文件或者法律文书到商标局办理注册商标专用权移转手续。

注册商标专用权移转的，注册商标专用权人在同一种或者类似商品上注册的相同或者近似的商标，应当一并移转；未一并移转的，由商标局通知其限期改正；期满未改正的，视为放弃该移转注册商标的申请，商标局应当书面通知申请人。

商标移转申请经核准的，予以公告。接受该注册商标专用权移转的当事人自公告之日起享有商标专用权。

第三十三条 注册商标需要续展注册的，应当向商标局提交商标续展注册申请书。商标局核准商标注册续展申请的，发给相应证明并予以公告。

第五章　商标国际注册

第三十四条 商标法第二十一条规定的商标国际注册，是指根据《商标国际注册马德里协定》（以下简称马德里协定）、《商标国际注册马德里协定有关议定书》（以下简称马德里议定书）及《商标国际注册马德里协定及该协定有关议定书的共同实施细则》的规定办理的马德里商标国际注册。

马德里商标国际注册申请包括以中国为原属国的商标国际注册申请、指定中国的领土延伸申请及其他有关的申请。

第三十五条 以中国为原属国申请商标国际注册的，应当在中国设有真实有效的营业所，或者在中国有住所，或者拥有中国国籍。

第三十六条 符合本条例第三十五条规定的申请人，其商标已在商标局获得注册的，可以根据马德里协定申请办理该商标的国际注册。

符合本条例第三十五条规定的申请人，其商标已在商标局获得注册，或者已向商标局提出商标注册申请并被受理的，可以根据马德里议定书申请办理该商标的国际注册。

第三十七条 以中国为原属国申请商标国际注册的，应当通过商标局向世界知识产权组织国际局（以下简称国际局）申请办理。

以中国为原属国的，与马德里协定有关的商标国际注册的后期指定、放弃、注销，应当通过商标局向国际局申请办理；与马德里协定有关的商标国际注册的转让、删减、变更、续展，可以通过商标局向国际局申请办理，也可以直接向国际局申请办理。

以中国为原属国的，与马德里议定书有关的商标国际注册的后期指定、转让、删减、放弃、注销、变更、续展，可以通过商标局向国际局申请办理，也可以直接向国际局申请办理。

第三十八条 通过商标局向国际局申请商标国际注册及办理其他有关申请的，应当提交符合国际局和商标局要求的申请书和相关材料。

第三十九条 商标国际注册申请指定的商品或者服务不得超出国内基础申请或者基础注册的商品或者服务的范围。

第四十条 商标国际注册申请手续不齐备或者未按照规定填写

申请书的，商标局不予受理，申请日不予保留。

申请手续基本齐备或者申请书基本符合规定，但需要补正的，申请人应当自收到补正通知书之日起 30 日内予以补正，逾期未补正的，商标局不予受理，书面通知申请人。

第四十一条 通过商标局向国际局申请商标国际注册及办理其他有关申请的，应当按照规定缴纳费用。

申请人应当自收到商标局缴费通知单之日起 15 日内，向商标局缴纳费用。期满未缴纳的，商标局不受理其申请，书面通知申请人。

第四十二条 商标局在马德里协定或者马德里议定书规定的驳回期限（以下简称驳回期限）内，依照商标法和本条例的有关规定对指定中国的领土延伸申请进行审查，作出决定，并通知国际局。商标局在驳回期限内未发出驳回或者部分驳回通知的，该领土延伸申请视为核准。

第四十三条 指定中国的领土延伸申请人，要求将三维标志、颜色组合、声音标志作为商标保护或者要求保护集体商标、证明商标的，自该商标在国际局国际注册簿登记之日起 3 个月内，应当通过依法设立的商标代理机构，向商标局提交本条例第十三条规定的相关材料。未在上述期限内提交相关材料的，商标局驳回该领土延伸申请。

第四十四条 世界知识产权组织对商标国际注册有关事项进行公告，商标局不再另行公告。

第四十五条 对指定中国的领土延伸申请，自世界知识产权组织《国际商标公告》出版的次月 1 日起 3 个月内，符合商标法第三十三条规定条件的异议人可以向商标局提出异议申请。

商标局在驳回期限内将异议申请的有关情况以驳回决定的形式通知国际局。

被异议人可以自收到国际局转发的驳回通知书之日起 30 日内进行答辩，答辩书及相关证据材料应当通过依法设立的商标代理机构向商标局提交。

第四十六条　在中国获得保护的国际注册商标，有效期自国际注册日或者后期指定日起算。在有效期届满前，注册人可以向国际局申请续展，在有效期内未申请续展的，可以给予 6 个月的宽展期。商标局收到国际局的续展通知后，依法进行审查。国际局通知未续展的，注销该国际注册商标。

第四十七条　指定中国的领土延伸申请办理转让的，受让人应当在缔约方境内有真实有效的营业所，或者在缔约方境内有住所，或者是缔约方国民。

转让人未将其在相同或者类似商品或者服务上的相同或者近似商标一并转让的，商标局通知注册人自发出通知之日起 3 个月内改正；期满未改正或者转让容易引起混淆或者有其他不良影响的，商标局作出该转让在中国无效的决定，并向国际局作出声明。

第四十八条　指定中国的领土延伸申请办理删减，删减后的商品或者服务不符合中国有关商品或者服务分类要求或者超出原指定商品或者服务范围的，商标局作出该删减在中国无效的决定，并向国际局作出声明。

第四十九条　依照商标法第四十九条第二款规定申请撤销国际注册商标，应当自该商标国际注册申请的驳回期限届满之日起满 3 年后向商标局提出申请；驳回期限届满时仍处在驳回复审或者异议相关程序的，应当自商标局或者商标评审委员会作出的准予注册决定生效之日起满 3 年后向商标局提出申请。

依照商标法第四十四条第一款规定申请宣告国际注册商标无效的，应当自该商标国际注册申请的驳回期限届满后向商标评审委员会提出申请；驳回期限届满时仍处在驳回复审或者异议相关程序的，应当自商标局或者商标评审委员会作出的准予注册决定生效后向商标评审委员会提出申请。

依照商标法第四十五条第一款规定申请宣告国际注册商标无效的，应当自该商标国际注册申请的驳回期限届满之日起 5 年内向商标评审委员会提出申请；驳回期限届满时仍处在驳回复审或者异议相关程序的，应当自商标局或者商标评审委员会作出的准予注册决定生效之日起 5 年内向商标评审委员会提出申请。对恶意注册的，驰名商标所有人不受 5 年的时间限制。

第五十条 商标法和本条例下列条款的规定不适用于办理商标国际注册相关事宜：

（一）商标法第二十八条、第三十五条第一款关于审查和审理期限的规定；

（二）本条例第二十二条、第三十条第二款；

（三）商标法第四十二条及本条例第三十一条关于商标转让由转让人和受让人共同申请并办理手续的规定。

第六章　商　标　评　审

第五十一条 商标评审是指商标评审委员会依照商标法第三十四条、第三十五条、第四十四条、第四十五条、第五十四条的规定审理有关商标争议事宜。当事人向商标评审委员会提出商标评审申请，应当有明确的请求、事实、理由和法律依据，并提供相应证据。

商标评审委员会根据事实，依法进行评审。

第五十二条 商标评审委员会审理不服商标局驳回商标注册申请决定的复审案件，应当针对商标局的驳回决定和申请人申请复审的事实、理由、请求及评审时的事实状态进行审理。

商标评审委员会审理不服商标局驳回商标注册申请决定的复审案件，发现申请注册的商标有违反商标法第十条、第十一条、第十二条和第十六条第一款规定情形，商标局并未依据上述条款作出驳回决定的，可以依据上述条款作出驳回申请的复审决定。商标评审委员会作出复审决定前应当听取申请人的意见。

第五十三条 商标评审委员会审理不服商标局不予注册决定的复审案件，应当针对商标局的不予注册决定和申请人申请复审的事实、理由、请求及原异议人提出的意见进行审理。

商标评审委员会审理不服商标局不予注册决定的复审案件，应当通知原异议人参加并提出意见。原异议人的意见对案件审理结果有实质影响的，可以作为评审的依据；原异议人不参加或者不提出意见的，不影响案件的审理。

第五十四条　商标评审委员会审理依照商标法第四十四条、第四十五条规定请求宣告注册商标无效的案件，应当针对当事人申请和答辩的事实、理由及请求进行审理。

第五十五条　商标评审委员会审理不服商标局依照商标法第四十四条第一款规定作出宣告注册商标无效决定的复审案件，应当针对商标局的决定和申请人申请复审的事实、理由及请求进行审理。

第五十六条　商标评审委员会审理不服商标局依照商标法第四十九条规定作出撤销或者维持注册商标决定的复审案件，应当针对商标局作出撤销或者维持注册商标决定和当事人申请复审时所依据的事实、理由及请求进行审理。

第五十七条　申请商标评审，应当向商标评审委员会提交申请书，并按照对方当事人的数量提交相应份数的副本；基于商标局的决定书申请复审的，还应当同时附送商标局的决定书副本。

商标评审委员会收到申请书后，经审查，符合受理条件的，予以受理；不符合受理条件的，不予受理，书面通知申请人并说明理由；需要补正的，通知申请人自收到通知之日起 30 日内补正。经补正仍不符合规定的，商标评审委员会不予受理，书面通知申请人并说明理由；期满未补正的，视为撤回申请，商标评审委员会应当书面通知申请人。

商标评审委员会受理商标评审申请后，发现不符合受理条件的，予以驳回，书面通知申请人并说明理由。

第五十八条　商标评审委员会受理商标评审申请后应当及时将申请书副本送交对方当事人，限其自收到申请书副本之日起 30 日内答辩；期满未答辩的，不影响商标评审委员会的评审。

第五十九条 当事人需要在提出评审申请或者答辩后补充有关证据材料的，应当在申请书或者答辩书中声明，并自提交申请书或者答辩书之日起 3 个月内提交；期满未提交的，视为放弃补充有关证据材料。但是，在期满后生成或者当事人有其他正当理由未能在期满前提交的证据，在期满后提交的，商标评审委员会将证据交对方当事人并质证后可以采信。

第六十条 商标评审委员会根据当事人的请求或者实际需要，可以决定对评审申请进行口头审理。

商标评审委员会决定对评审申请进行口头审理的，应当在口头审理 15 日前书面通知当事人，告知口头审理的日期、地点和评审人员。当事人应当在通知书指定的期限内作出答复。

申请人不答复也不参加口头审理的，其评审申请视为撤回，商标评审委员会应当书面通知申请人；被申请人不答复也不参加口头审理的，商标评审委员会可以缺席评审。

第六十一条 申请人在商标评审委员会作出决定、裁定前，可以书面向商标评审委员会要求撤回申请并说明理由，商标评审委员会认为可以撤回的，评审程序终止。

第六十二条 申请人撤回商标评审申请的，不得以相同的事实和理由再次提出评审申请。商标评审委员会对商标评审申请已经作出裁定或者决定的，任何人不得以相同的事实和理由再次提出评审申请。但是，经不予注册复审程序予以核准注册后向商标评审委员会提起宣告注册商标无效的除外。

第七章　商标使用的管理

第六十三条 使用注册商标，可以在商品、商品包装、说明书或者其他附着物上标明"注册商标"或者注册标记。

注册标记包括⊕和®。使用注册标记，应当标注在商标的右上角或者右下角。

第六十四条　《商标注册证》遗失或者破损的，应当向商标局提交补发《商标注册证》申请书。《商标注册证》遗失的，应当在《商标公告》上刊登遗失声明。破损的《商标注册证》，应当在提交补发申请时交回商标局。

商标注册人需要商标局补发商标变更、转让、续展证明，出具商标注册证明，或者商标申请人需要商标局出具优先权证明文件的，应当向商标局提交相应申请书。符合要求的，商标局发给相应证明；不符合要求的，商标局不予办理，通知申请人并告知理由。

伪造或者变造《商标注册证》或者其他商标证明文件的，依照刑法关于伪造、变造国家机关证件罪或者其他罪的规定，依法追究刑事责任。

第六十五条　有商标法第四十九条规定的注册商标成为其核定使用的商品通用名称情形的，任何单位或者个人可以向商标局申请撤销该注册商标，提交申请时应当附送证据材料。商标局受理后应当通知商标注册人，限其自收到通知之日起2个月内答辩；期满未答辩的，不影响商标局作出决定。

第六十六条　有商标法第四十九条规定的注册商标无正当理由连续3年不使用情形的，任何单位或者个人可以向商标局申请撤销该注册商标，提交申请时应当说明有关情况。商标局受理后应当通知商标注册人，限其自收到通知之日起2个月内提交该商标在撤销申请提出前使用的证据材料或者说明不使用的正当理由；期满未提供使用的证据材料或者证据材料无效并没有正当理由的，由商标局撤销其注册商标。

前款所称使用的证据材料，包括商标注册人使用注册商标的证据材料和商标注册人许可他人使用注册商标的证据材料。

以无正当理由连续3年不使用为由申请撤销注册商标的，应当自该注册商标注册公告之日起满3年后提出申请。

第六十七条　下列情形属于商标法第四十九条规定的正当理由：

（一）不可抗力；

（二）政府政策性限制；

（三）破产清算；

（四）其他不可归责于商标注册人的正当事由。

第六十八条 商标局、商标评审委员会撤销注册商标或者宣告注册商标无效，撤销或者宣告无效的理由仅及于部分指定商品的，对在该部分指定商品上使用的商标注册予以撤销或者宣告无效。

第六十九条 许可他人使用其注册商标的，许可人应当在许可合同有效期内向商标局备案并报送备案材料。备案材料应当说明注册商标使用许可人、被许可人、许可期限、许可使用的商品或者服务范围等事项。

第七十条 以注册商标专用权出质的，出质人与质权人应当签订书面质权合同，并共同向商标局提出质权登记申请，由商标局公告。

第七十一条 违反商标法第四十三条第二款规定的，由工商行政管理部门责令限期改正；逾期不改正的，责令停止销售，拒不停止销售的，处 10 万元以下的罚款。

第七十二条 商标持有人依照商标法第十三条规定请求驰名商标保护的，可以向工商行政管理部门提出请求。经商标局依照商标法第十四条规定认定为驰名商标的，由工商行政管理部门责令停止违反商标法第十三条规定使用商标的行为，收缴、销毁违法使用的商标标识；商标标识与商品难以分离的，一并收缴、销毁。

第七十三条 商标注册人申请注销其注册商标或者注销其商标在部分指定商品上的注册的，应当向商标局提交商标注销申请书，并交回原《商标注册证》。

商标注册人申请注销其注册商标或者注销其商标在部分指定商品上的注册，经商标局核准注销的，该注册商标专用权或者该注册商标专用权在该部分指定商品上的效力自商标局收到其注销申请之日起终止。

第七十四条 注册商标被撤销或者依照本条例第七十三条的规定被注销的，原《商标注册证》作废，并予以公告；撤销该商标在部分指定商品上的注册的，或者商标注册人申请注销其商标在部分指定商品上的注册的，重新核发《商标注册证》，并予以公告。

第八章 注册商标专用权的保护

第七十五条 为侵犯他人商标专用权提供仓储、运输、邮寄、印制、隐匿、经营场所、网络商品交易平台等，属于商标法第五十七条第六项规定的提供便利条件。

第七十六条 在同一种商品或者类似商品上将与他人注册商标相同或者近似的标志作为商品名称或者商品装潢使用，误导公众的，属于商标法第五十七条第二项规定的侵犯注册商标专用权的行为。

第七十七条 对侵犯注册商标专用权的行为，任何人可以向工商行政管理部门投诉或者举报。

第七十八条 计算商标法第六十条规定的违法经营额，可以考虑下列因素：

（一）侵权商品的销售价格；

（二）未销售侵权商品的标价；

（三）已查清侵权商品实际销售的平均价格；

（四）被侵权商品的市场中间价格；

（五）侵权人因侵权所产生的营业收入；

（六）其他能够合理计算侵权商品价值的因素。

第七十九条 下列情形属于商标法第六十条规定的能证明该商品是自己合法取得的情形：

（一）有供货单位合法签章的供货清单和货款收据且经查证属实或者供货单位认可的；

（二）有供销双方签订的进货合同且经查证已真实履行的；

（三）有合法进货发票且发票记载事项与涉案商品对应的；

（四）其他能够证明合法取得涉案商品的情形。

第八十条 销售不知道是侵犯注册商标专用权的商品，能证明该商品是自己合法取得并说明提供者的，由工商行政管理部门责令停止销售，并将案件情况通报侵权商品提供者所在地工商行政管理部门。

第八十一条 涉案注册商标权属正在商标局、商标评审委员会审理或者人民法院诉讼中，案件结果可能影响案件定性的，属于商标法第六十二条第三款规定的商标权属存在争议。

第八十二条 在查处商标侵权案件过程中，工商行政管理部门可以要求权利人对涉案商品是否为权利人生产或者其许可生产的产品进行辨认。

第九章　商标代理

第八十三条 商标法所称商标代理，是指接受委托人的委托，以委托人的名义办理商标注册申请、商标评审或者其他商标事宜。

第八十四条 商标法所称商标代理机构，包括经工商行政管理部门登记从事商标代理业务的服务机构和从事商标代理业务的律师事务所。

商标代理机构从事商标局、商标评审委员会主管的商标事宜代理业务的，应当按照下列规定向商标局备案：

（一）交验工商行政管理部门的登记证明文件或者司法行政部门批准设立律师事务所的证明文件并留存复印件；

（二）报送商标代理机构的名称、住所、负责人、联系方式等基本信息；

（三）报送商标代理从业人员名单及联系方式。

工商行政管理部门应当建立商标代理机构信用档案。商标代理机构违反商标法或者本条例规定的，由商标局或者商标评审委员会予以公开通报，并记入其信用档案。

第八十五条 商标法所称商标代理从业人员，是指在商标代理机构中从事商标代理业务的工作人员。

商标代理从业人员不得以个人名义自行接受委托。

第八十六条 商标代理机构向商标局、商标评审委员会提交的有关申请文件，应当加盖该代理机构公章并由相关商标代理从业人员签字。

第八十七条 商标代理机构申请注册或者受让其代理服务以外的其他商标，商标局不予受理。

第八十八条 下列行为属于商标法第六十八条第一款第二项规定的以其他不正当手段扰乱商标代理市场秩序的行为：

（一）以欺诈、虚假宣传、引人误解或者商业贿赂等方式招徕业务的；

（二）隐瞒事实，提供虚假证据，或者威胁、诱导他人隐瞒事实，提供虚假证据的；

（三）在同一商标案件中接受有利益冲突的双方当事人委托的。

第八十九条 商标代理机构有商标法第六十八条规定行为的，由行为人所在地或者违法行为发生地县级以上工商行政管理部门进行查处并将查处情况通报商标局。

第九十条 商标局、商标评审委员会依照商标法第六十八条规定停止受理商标代理机构办理商标代理业务的，可以作出停止受理该商标代理机构商标代理业务 6 个月以上直至永久停止受理的决定。停止受理商标代理业务的期间届满，商标局、商标评审委员会应当恢复受理。

商标局、商标评审委员会作出停止受理或者恢复受理商标代理的决定应当在其网站予以公告。

第九十一条 工商行政管理部门应当加强对商标代理行业组织的监督和指导。

第十章　附　　则

第九十二条　连续使用至 1993 年 7 月 1 日的服务商标，与他人在相同或者类似的服务上已注册的服务商标相同或者近似的，可以继续使用；但是，1993 年 7 月 1 日后中断使用 3 年以上的，不得继续使用。

已连续使用至商标局首次受理新放开商品或者服务项目之日的商标，与他人在新放开商品或者服务项目相同或者类似的商品或者服务上已注册的商标相同或者近似的，可以继续使用；但是，首次受理之日后中断使用 3 年以上的，不得继续使用。

第九十三条　商标注册用商品和服务分类表，由商标局制定并公布。

申请商标注册或者办理其他商标事宜的文件格式，由商标局、商标评审委员会制定并公布。

商标评审委员会的评审规则由国务院工商行政管理部门制定并公布。

第九十四条　商标局设置《商标注册簿》，记载注册商标及有关注册事项。

第九十五条　《商标注册证》及相关证明是权利人享有注册商标专用权的凭证。《商标注册证》记载的注册事项，应当与《商标注册簿》一致；记载不一致的，除有证据证明《商标注册簿》确有错误外，以《商标注册簿》为准。

第九十六条　商标局发布《商标公告》，刊发商标注册及其他有关事项。

《商标公告》采用纸质或者电子形式发布。

除送达公告外，公告内容自发布之日起视为社会公众已经知道或者应当知道。

第九十七条　申请商标注册或者办理其他商标事宜，应当缴纳费用。缴纳费用的项目和标准，由国务院财政部门、国务院价格主管部门分别制定。

第九十八条 本条例自 2014 年 5 月 1 日起施行。

注册商标专用权质押登记程序规定

(2020 年 4 月 22 日国家知识产权局公告第 358 号公布 自 2020 年 5 月 1 日起施行)

第一条 为充分发挥注册商标专用权无形资产的价值，促进经济发展，根据《物权法》、《担保法》、《商标法》和《商标法实施条例》的有关规定，制定本规定。

国家知识产权局负责办理注册商标专用权质权登记。

第二条 自然人、法人或者其他组织以其注册商标专用权出质的，出质人与质权人应当订立书面合同，并向国家知识产权局办理质权登记。

质权登记申请应由质权人和出质人共同提出。质权人和出质人可以直接向国家知识产权局申请，也可以委托商标代理机构代理办理。在中国没有经常居所或者营业所的外国人或者外国企业应当委托代理机构办理。

第三条 办理注册商标专用权质权登记，出质人应当将在相同或者类似商品/服务上注册的相同或者近似商标一并办理质权登记。质权合同和质权登记申请书中应当载明出质的商标注册号。

共有商标办理质权登记的，除全体共有人另有约定的以外，应当取得其他共有人的同意。

第四条 申请注册商标专用权质权登记的，应提交下列文件：

（一）申请人签字或者盖章的《商标专用权质权登记申请书》；

（二）主合同和注册商标专用权质权合同；

（三）申请人签署的承诺书；

（四）委托商标代理机构办理的，还应当提交商标代理委托书。

上述文件为外文的，应当同时提交其中文译文。中文译文应当由翻译单位和翻译人员签字盖章确认。

第五条　注册商标专用权质权合同一般包括以下内容：

（一）出质人、质权人的姓名（名称）及住址；

（二）被担保的债权种类、数额；

（三）债务人履行债务的期限；

（四）出质注册商标的清单（列明注册商标的注册号、类别及专用期）；

（五）担保的范围；

（六）当事人约定的其他事项。

第六条　申请登记书件齐备、符合规定的，国家知识产权局予以受理并登记。质权自登记之日起设立。国家知识产权局自登记之日起 2 个工作日内向双方当事人发放《商标专用权质权登记证》。

《商标专用权质权登记证》应当载明下列内容：出质人和质权人的名称（姓名）、出质商标注册号、被担保的债权数额、质权登记期限、质权登记日期。

第七条　质权登记申请不符合本办法第二条、第三条、第四条、第五条规定的，国家知识产权局应当通知申请人，并允许其在 30 日内补正。申请人逾期不补正或者补正不符合要求的，视为其放弃该质权登记申请，国家知识产权局应当通知申请人。

第八条　有下列情形之一的，国家知识产权局不予登记：

（一）出质人名称与国家知识产权局档案所记载的名称不一致，且不能提供相关证明证实其为注册商标权利人的；

（二）合同的签订违反法律法规强制性规定的；

（三）注册商标专用权已经被撤销、被注销或者有效期满未续展的；

（四）注册商标专用权已被人民法院查封、冻结的；

（五）其他不符合出质条件的。

不予登记的，国家知识产权局应当通知当事人，并说明理由。

第九条 质权登记后，有下列情形之一的，国家知识产权局应当撤销登记：

（一）发现有属于本办法第八条所列情形之一的；

（二）质权合同无效或者被撤销；

（三）出质的注册商标因法定程序丧失专用权的；

（四）提交虚假证明文件或者以其他欺骗手段取得注册商标专用权质权登记的。

撤销登记的，国家知识产权局应当通知当事人。

第十条 质权人或出质人的名称（姓名）更改，以及质权合同担保的主债权数额变更的，当事人可以凭下列文件申请办理变更登记：

（一）申请人签字或者盖章的《商标专用权质权登记事项变更申请书》；

（二）主债权数额变更的，双方签订的有关的补充或变更协议；

（三）申请人签署的相关承诺书；

（四）委托商标代理机构办理的，还应当提交商标代理委托书。

出质人名称（姓名）发生变更的，还应按照《商标法》及《商标法实施条例》的相关规定在国家知识产权局办理变更注册人名义申请。

第十一条 因被担保的主合同履行期限延长、主债权未能按期实现等原因需要延长质权登记期限的，质权人和出质人双方应当在质权登记期限到期前，持以下文件申请办理延期登记：

（一）申请人签字或者盖章的《商标专用权质权登记期限延期申请书》；

（二）当事人双方签署的延期协议；

（三）申请人签署的相关承诺书；

（四）委托商标代理机构办理的，还应当提交商标代理委托书。

主债权未能按期实现，双方又未能达成有关延期协议的，质权人可以出具相关书面保证函，说明债权未能实现的相关情况，申请延期。国家知识产权局予以延期登记的，应当通知出质人。

第十二条　办理质权登记事项变更申请或者质权登记期限延期申请后，由国家知识产权局在 2 个工作日内重新核发《商标专用权质权登记证》。

第十三条　注册商标专用权质权登记需要注销的，质权人和出质人双方可以持下列文件办理注销申请：

（一）申请人签字或者盖章的《商标专用权质权登记注销申请书》；

（二）申请人签署的相关承诺书；

（三）委托商标代理机构办理的，还应当提交商标代理委托书。

注销登记的，国家知识产权局应当在 2 个工作日内通知当事人。质权登记期限届满后，该质权登记自动失效。

第十四条　《商标专用权质权登记证》遗失的，可以向国家知识产权局申请补发。

第十五条　国家知识产权局对注册商标质权登记的相关信息进行公告。

第十六条　反担保及最高额质权适用本规定。

第十七条　本规定自 2020 年 5 月 1 日起施行，原《注册商标专用权质权登记程序规定》（工商标字〔2009〕182 号）同日起不再执行。

国家知识产权局关于印发 《商标侵权判断标准》的通知

（2020 年 6 月 15 日　国知发保字〔2020〕23 号）

各省、自治区、直辖市及新疆生产建设兵团知识产权局（知识产权管理部门）：

为深入贯彻落实党中央、国务院关于强化知识产权保护的决策部署,加强商标执法指导工作,统一执法标准,提升执法水平,强化商标专用权保护,根据《商标法》、《商标法实施条例》的有关规定,制定《商标侵权判断标准》。现予印发,请遵照执行。各地在执行中遇到的新情况、新问题,请及时报告。

商标侵权判断标准

第一条 为加强商标执法指导工作,统一执法标准,提升执法水平,强化商标专用权保护,根据《中华人民共和国商标法》(以下简称商标法)、《中华人民共和国商标法实施条例》(以下简称商标法实施条例)以及相关法律法规、部门规章,制定本标准。

第二条 商标执法相关部门在处理、查处商标侵权案件时适用本标准。

第三条 判断是否构成商标侵权,一般需要判断涉嫌侵权行为是否构成商标法意义上的商标的使用。

商标的使用,是指将商标用于商品、商品包装、容器、服务场所以及交易文书上,或者将商标用于广告宣传、展览以及其他商业活动中,用以识别商品或者服务来源的行为。

第四条 商标用于商品、商品包装、容器以及商品交易文书上的具体表现形式包括但不限于:

(一)采取直接贴附、刻印、烙印或者编织等方式将商标附着在商品、商品包装、容器、标签等上,或者使用在商品附加标牌、产品说明书、介绍手册、价目表等上;

(二)商标使用在与商品销售有联系的交易文书上,包括商品销售合同、发票、票据、收据、商品进出口检验检疫证明、报关单据等。

第五条 商标用于服务场所以及服务交易文书上的具体表现形

式包括但不限于：

（一）商标直接使用于服务场所，包括介绍手册、工作人员服饰、招贴、菜单、价目表、名片、奖券、办公文具、信笺以及其他提供服务所使用的相关物品上；

（二）商标使用于和服务有联系的文件资料上，如发票、票据、收据、汇款单据、服务协议、维修维护证明等。

第六条 商标用于广告宣传、展览以及其他商业活动中的具体表现形式包括但不限于：

（一）商标使用在广播、电视、电影、互联网等媒体中，或者使用在公开发行的出版物上，或者使用在广告牌、邮寄广告或者其他广告载体上；

（二）商标在展览会、博览会上使用，包括在展览会、博览会上提供的使用商标的印刷品、展台照片、参展证明及其他资料；

（三）商标使用在网站、即时通讯工具、社交网络平台、应用程序等载体上；

（四）商标使用在二维码等信息载体上；

（五）商标使用在店铺招牌、店堂装饰装潢上。

第七条 判断是否为商标的使用应当综合考虑使用人的主观意图、使用方式、宣传方式、行业惯例、消费者认知等因素。

第八条 未经商标注册人许可的情形包括未获得许可或者超出许可的商品或者服务的类别、期限、数量等。

第九条 同一种商品是指涉嫌侵权人实际生产销售的商品名称与他人注册商标核定使用的商品名称相同的商品，或者二者商品名称不同但在功能、用途、主要原料、生产部门、消费对象、销售渠道等方面相同或者基本相同，相关公众一般认为是同种商品。

同一种服务是指涉嫌侵权人实际提供的服务名称与他人注册商标核定使用的服务名称相同的服务，或者二者服务名称不同但在服务的目的、内容、方式、提供者、对象、场所等方面相同或者基本相同，相关公众一般认为是同种服务。

核定使用的商品或者服务名称是指国家知识产权局在商标注册工作中对商品或者服务使用的名称，包括《类似商品和服务区分表》（以下简称区分表）中列出的商品或者服务名称和未在区分表中列出但在商标注册中接受的商品或者服务名称。

第十条　类似商品是指在功能、用途、主要原料、生产部门、消费对象、销售渠道等方面具有一定共同性的商品。

类似服务是指在服务的目的、内容、方式、提供者、对象、场所等方面具有一定共同性的服务。

第十一条　判断是否属于同一种商品或者同一种服务、类似商品或者类似服务，应当在权利人注册商标核定使用的商品或者服务与涉嫌侵权的商品或者服务之间进行比对。

第十二条　判断涉嫌侵权的商品或者服务与他人注册商标核定使用的商品或者服务是否构成同一种商品或者同一种服务、类似商品或者类似服务，参照现行区分表进行认定。

对于区分表未涵盖的商品，应当基于相关公众的一般认识，综合考虑商品的功能、用途、主要原料、生产部门、消费对象、销售渠道等因素认定是否构成同一种或者类似商品。

对于区分表未涵盖的服务，应当基于相关公众的一般认识，综合考虑服务的目的、内容、方式、提供者、对象、场所等因素认定是否构成同一种或者类似服务。

第十三条　与注册商标相同的商标是指涉嫌侵权的商标与他人注册商标完全相同，以及虽有不同但视觉效果或者声音商标的听觉感知基本无差别、相关公众难以分辨的商标。

第十四条　涉嫌侵权的商标与他人注册商标相比较，可以认定与注册商标相同的情形包括：

（一）文字商标有下列情形之一的：

1. 文字构成、排列顺序均相同的；

2. 改变注册商标的字体、字母大小写、文字横竖排列，与注册商标之间基本无差别的；

3. 改变注册商标的文字、字母、数字等之间的间距，与注册商标之间基本无差别的；

4. 改变注册商标颜色，不影响体现注册商标显著特征的；

5. 在注册商标上仅增加商品通用名称、图形、型号等缺乏显著特征内容，不影响体现注册商标显著特征的；

（二）图形商标在构图要素、表现形式等视觉上基本无差别的；

（三）文字图形组合商标的文字构成、图形外观及其排列组合方式相同，商标在整体视觉上基本无差别的；

（四）立体商标中的显著三维标志和显著平面要素相同，或者基本无差别的；

（五）颜色组合商标中组合的颜色和排列的方式相同，或者基本无差别的；

（六）声音商标的听觉感知和整体音乐形象相同，或者基本无差别的；

（七）其他与注册商标在视觉效果或者听觉感知上基本无差别的。

第十五条 与注册商标近似的商标是指涉嫌侵权的商标与他人注册商标相比较，文字商标的字形、读音、含义近似，或者图形商标的构图、着色、外形近似，或者文字图形组合商标的整体排列组合方式和外形近似，或者立体商标的三维标志的形状和外形近似，或者颜色组合商标的颜色或者组合近似，或者声音商标的听觉感知或者整体音乐形象近似等。

第十六条 涉嫌侵权的商标与他人注册商标是否构成近似，参照现行《商标审查及审理标准》关于商标近似的规定进行判断。

第十七条 判断商标是否相同或者近似，应当在权利人的注册商标与涉嫌侵权商标之间进行比对。

第十八条 判断与注册商标相同或者近似的商标时，应当以相关公众的一般注意力和认知力为标准，采用隔离观察、整体比对和主要部分比对的方法进行认定。

第十九条　在商标侵权判断中，在同一种商品或者同一种服务上使用近似商标，或者在类似商品或者类似服务上使用相同、近似商标的情形下，还应当对是否容易导致混淆进行判断。

第二十条　商标法规定的容易导致混淆包括以下情形：

（一）足以使相关公众认为涉案商品或者服务是由注册商标权利人生产或者提供；

（二）足以使相关公众认为涉案商品或者服务的提供者与注册商标权利人存在投资、许可、加盟或者合作等关系。

第二十一条　商标执法相关部门判断是否容易导致混淆，应当综合考量以下因素以及各因素之间的相互影响：

（一）商标的近似情况；

（二）商品或者服务的类似情况；

（三）注册商标的显著性和知名度；

（四）商品或者服务的特点及商标使用的方式；

（五）相关公众的注意和认知程度；

（六）其他相关因素。

第二十二条　自行改变注册商标或者将多件注册商标组合使用，与他人在同一种商品或者服务上的注册商标相同的，属于商标法第五十七条第一项规定的商标侵权行为。

自行改变注册商标或者将多件注册商标组合使用，与他人在同一种或者类似商品或者服务上的注册商标近似、容易导致混淆的，属于商标法第五十七条第二项规定的商标侵权行为。

第二十三条　在同一种商品或者服务上，将企业名称中的字号突出使用，与他人注册商标相同的，属于商标法第五十七条第一项规定的商标侵权行为。

在同一种或者类似商品或者服务上，将企业名称中的字号突出使用，与他人注册商标近似、容易导致混淆的，属于商标法第五十七条第二项规定的商标侵权行为。

第二十四条　不指定颜色的注册商标，可以自由附着颜色，但以攀附为目的附着颜色，与他人在同一种或者类似商品或者服务上的注册商标近似、容易导致混淆的，属于商标法第五十七条第二项规定的商标侵权行为。

注册商标知名度较高，涉嫌侵权人与注册商标权利人处于同一行业或者具有较大关联性的行业，且无正当理由使用与注册商标相同或者近似标志的，应当认定涉嫌侵权人具有攀附意图。

第二十五条 在包工包料的加工承揽经营活动中，承揽人使用侵犯注册商标专用权商品的，属于商标法第五十七条第三项规定的商标侵权行为。

第二十六条 经营者在销售商品时，附赠侵犯注册商标专用权商品的，属于商标法第五十七条第三项规定的商标侵权行为。

第二十七条 有下列情形之一的，不属于商标法第六十条第二款规定的"销售不知道是侵犯注册商标专用权的商品"：

（一）进货渠道不符合商业惯例，且价格明显低于市场价格的；

（二）拒不提供账目、销售记录等会计凭证，或者会计凭证弄虚作假的；

（三）案发后转移、销毁物证，或者提供虚假证明、虚假情况的；

（四）类似违法情形受到处理后再犯的；

（五）其他可以认定当事人明知或者应知的。

第二十八条 商标法第六十条第二款规定的"说明提供者"是指涉嫌侵权人主动提供供货商的名称、经营地址、联系方式等准确信息或者线索。

对于因涉嫌侵权人提供虚假或者无法核实的信息导致不能找到提供者的，不视为"说明提供者"。

第二十九条 涉嫌侵权人属于商标法第六十条第二款规定的销售不知道是侵犯注册商标专用权的商品的，对其侵权商品责令停止销售，对供货商立案查处或者将案件线索移送具有管辖权的商标执法相关部门查处。

对责令停止销售的侵权商品，侵权人再次销售的，应当依法查处。

第三十条　市场主办方、展会主办方、柜台出租人、电子商务平台等经营者怠于履行管理职责，明知或者应知市场内经营者、参展方、柜台承租人、平台内电子商务经营者实施商标侵权行为而不予制止的；或者虽然不知情，但经商标执法相关部门通知或者商标权利人持生效的行政、司法文书告知后，仍未采取必要措施制止商标侵权行为的，属于商标法第五十七条第六项规定的商标侵权行为。

第三十一条　将与他人注册商标相同或者相近似的文字注册为域名，并且通过该域名进行相关商品或者服务交易的电子商务，容易使相关公众产生误认的，属于商标法第五十七条第七项规定的商标侵权行为。

第三十二条　在查处商标侵权案件时，应当保护合法在先权利。

以外观设计专利权、作品著作权抗辩他人注册商标专用权的，若注册商标的申请日先于外观设计专利申请日或者有证据证明的该著作权作品创作完成日，商标执法相关部门可以对商标侵权案件进行查处。

第三十三条　商标法第五十九条第三款规定的"有一定影响的商标"是指在国内在先使用并为一定范围内相关公众所知晓的未注册商标。

有一定影响的商标的认定，应当考虑该商标的持续使用时间、销售量、经营额、广告宣传等因素进行综合判断。

使用人有下列情形的，不视为在原使用范围内继续使用：

（一）增加该商标使用的具体商品或者服务；

（二）改变该商标的图形、文字、色彩、结构、书写方式等内容，但以与他人注册商标相区别为目的而进行的改变除外；

（三）超出原使用范围的其他情形。

第三十四条　商标法第六十条第二款规定的"五年内实施两次以上商标侵权行为"指同一当事人被商标执法相关部门、人民法院认定侵犯他人注册商标专用权的行政处罚或者判决生效之日起，五年内又实施商标侵权行为的。

第三十五条　正在国家知识产权局审理或者人民法院诉讼中的下列案件，可以适用商标法第六十二条第三款关于"中止"的规定：

（一）注册商标处于无效宣告中的；

（二）注册商标处于续展宽展期的；

（三）注册商标权属存在其他争议情形的。

第三十六条　在查处商标侵权案件过程中，商标执法相关部门可以要求权利人对涉案商品是否为权利人生产或者其许可生产的商品出具书面辨认意见。权利人应当对其辨认意见承担相应法律责任。

商标执法相关部门应当审查辨认人出具辨认意见的主体资格及辨认意见的真实性。涉嫌侵权人无相反证据推翻该辨认意见的，商标执法相关部门将该辨认意见作为证据予以采纳。

第三十七条　本标准由国家知识产权局负责解释。

第三十八条　本标准自公布之日起施行。

最高人民法院关于知识产权
民事诉讼证据的若干规定

（2020 年 11 月 9 日最高人民法院审判委员会第 1815 次会议通过　2020 年 11 月 16 日最高人民法院公告公布　自 2020 年 11 月 18 日起施行　法释〔2020〕12 号）

为保障和便利当事人依法行使诉讼权利，保证人民法院公正、及时审理知识产权民事案件，根据《中华人民共和国民事诉讼法》等有关法律规定，结合知识产权民事审判实际，制定本规定。

第一条　知识产权民事诉讼当事人应当遵循诚信原则，依照法律及司法解释的规定，积极、全面、正确、诚实地提供证据。

第二条 当事人对自己提出的主张，应当提供证据加以证明。根据案件审理情况，人民法院可以适用民事诉讼法第六十五条第二款的规定，根据当事人的主张及待证事实、当事人的证据持有情况、举证能力等，要求当事人提供有关证据。

第三条 专利方法制造的产品不属于新产品的，侵害专利权纠纷的原告应当举证证明下列事实：

（一）被告制造的产品与使用专利方法制造的产品属于相同产品；

（二）被告制造的产品经由专利方法制造的可能性较大；

（三）原告为证明被告使用了专利方法尽到合理努力。

原告完成前款举证后，人民法院可以要求被告举证证明其产品制造方法不同于专利方法。

第四条 被告依法主张合法来源抗辩的，应当举证证明合法取得被诉侵权产品、复制品的事实，包括合法的购货渠道、合理的价格和直接的供货方等。

被告提供的被诉侵权产品、复制品来源证据与其合理注意义务程度相当的，可以认定其完成前款所称举证，并推定其不知道被诉侵权产品、复制品侵害知识产权。被告的经营规模、专业程度、市场交易习惯等，可以作为确定其合理注意义务的证据。

第五条 提起确认不侵害知识产权之诉的原告应当举证证明下列事实：

（一）被告向原告发出侵权警告或者对原告进行侵权投诉；

（二）原告向被告发出诉权行使催告及催告时间、送达时间；

（三）被告未在合理期限内提起诉讼。

第六条 对于未在法定期限内提起行政诉讼的行政行为所认定的基本事实，或者行政行为认定的基本事实已为生效裁判所确认的部分，当事人在知识产权民事诉讼中无须再证明，但有相反证据足以推翻的除外。

第七条 权利人为发现或者证明知识产权侵权行为，自行或者委托他人以普通购买者的名义向被诉侵权人购买侵权物品所取得的实物、票据等可以作为起诉被诉侵权人侵权的证据。

被诉侵权人基于他人行为而实施侵害知识产权行为所形成的证据，可以作为权利人起诉其侵权的证据，但被诉侵权人仅基于权利人的取证行为而实施侵害知识产权行为的除外。

第八条 中华人民共和国领域外形成的下列证据，当事人仅以该证据未办理公证、认证等证明手续为由提出异议的，人民法院不予支持：

（一）已为发生法律效力的人民法院裁判所确认的；

（二）已为仲裁机构生效裁决所确认的；

（三）能够从官方或者公开渠道获得的公开出版物、专利文献等；

（四）有其他证据能够证明真实性的。

第九条 中华人民共和国领域外形成的证据，存在下列情形之一的，当事人仅以该证据未办理认证手续为由提出异议的，人民法院不予支持：

（一）提出异议的当事人对证据的真实性明确认可的；

（二）对方当事人提供证人证言对证据的真实性予以确认，且证人明确表示如作伪证愿意接受处罚的。

前款第二项所称证人作伪证，构成民事诉讼法第一百一十一条规定情形的，人民法院依法处理。

第十条 在一审程序中已经根据民事诉讼法第五十九条、第二百六十四条的规定办理授权委托书公证、认证或者其他证明手续的，在后续诉讼程序中，人民法院可以不再要求办理该授权委托书的上述证明手续。

第十一条 人民法院对于当事人或者利害关系人的证据保全申请，应当结合下列因素进行审查：

（一）申请人是否已就其主张提供初步证据；

（二）证据是否可以由申请人自行收集；

（三）证据灭失或者以后难以取得的可能性及其对证明待证事实的影响；

（四）可能采取的保全措施对证据持有人的影响。

第十二条 人民法院进行证据保全，应当以有效固定证据为限，尽量减少对保全标的物价值的损害和对证据持有人正常生产经营的影响。

证据保全涉及技术方案的，可以采取制作现场勘验笔录、绘图、拍照、录音、录像、复制设计和生产图纸等保全措施。

第十三条 当事人无正当理由拒不配合或者妨害证据保全，致使无法保全证据的，人民法院可以确定由其承担不利后果。构成民事诉讼法第一百一十一条规定情形的，人民法院依法处理。

第十四条 对于人民法院已经采取保全措施的证据，当事人擅自拆装证据实物、篡改证据材料或者实施其他破坏证据的行为，致使证据不能使用的，人民法院可以确定由其承担不利后果。构成民事诉讼法第一百一十一条规定情形的，人民法院依法处理。

第十五条 人民法院进行证据保全，可以要求当事人或者诉讼代理人到场，必要时可以根据当事人的申请通知有专门知识的人到场，也可以指派技术调查官参与证据保全。

证据为案外人持有的，人民法院可以对其持有的证据采取保全措施。

第十六条 人民法院进行证据保全，应当制作笔录、保全证据清单，记录保全时间、地点、实施人、在场人、保全经过、保全标的物状态，由实施人、在场人签名或者盖章。有关人员拒绝签名或者盖章的，不影响保全的效力，人民法院可以在笔录上记明并拍照、录像。

第十七条 被申请人对证据保全的范围、措施、必要性等提出异议并提供相关证据，人民法院经审查认为异议理由成立的，可以变更、终止、解除证据保全。

第十八条 申请人放弃使用被保全证据，但被保全证据涉及案件基本事实查明或者其他当事人主张使用的，人民法院可以对该证据进行审查认定。

第十九条　人民法院可以对下列待证事实的专门性问题委托鉴定：

（一）被诉侵权技术方案与专利技术方案、现有技术的对应技术特征在手段、功能、效果等方面的异同；

（二）被诉侵权作品与主张权利的作品的异同；

（三）当事人主张的商业秘密与所属领域已为公众所知悉的信息的异同、被诉侵权的信息与商业秘密的异同；

（四）被诉侵权物与授权品种在特征、特性方面的异同，其不同是否因非遗传变异所致；

（五）被诉侵权集成电路布图设计与请求保护的集成电路布图设计的异同；

（六）合同涉及的技术是否存在缺陷；

（七）电子数据的真实性、完整性；

（八）其他需要委托鉴定的专门性问题。

第二十条　经人民法院准许或者双方当事人同意，鉴定人可以将鉴定所涉部分检测事项委托其他检测机构进行检测，鉴定人对根据检测结果出具的鉴定意见承担法律责任。

第二十一条　鉴定业务领域未实行鉴定人和鉴定机构统一登记管理制度的，人民法院可以依照《最高人民法院关于民事诉讼证据的若干规定》第三十二条规定的鉴定人选任程序，确定具有相应技术水平的专业机构、专业人员鉴定。

第二十二条　人民法院应当听取各方当事人意见，并结合当事人提出的证据确定鉴定范围。鉴定过程中，一方当事人申请变更鉴定范围，对方当事人无异议的，人民法院可以准许。

第二十三条　人民法院应当结合下列因素对鉴定意见进行审查：

（一）鉴定人是否具备相应资格；

（二）鉴定人是否具备解决相关专门性问题应有的知识、经验及技能；

（三）鉴定方法和鉴定程序是否规范，技术手段是否可靠；

（四）送检材料是否经过当事人质证且符合鉴定条件；

（五）鉴定意见的依据是否充分；

（六）鉴定人有无应当回避的法定事由；

（七）鉴定人在鉴定过程中有无徇私舞弊或者其他影响公正鉴定的情形。

第二十四条 承担举证责任的当事人书面申请人民法院责令控制证据的对方当事人提交证据，申请理由成立的，人民法院应当作出裁定，责令其提交。

第二十五条 人民法院依法要求当事人提交有关证据，其无正当理由拒不提交、提交虚假证据、毁灭证据或者实施其他致使证据不能使用行为的，人民法院可以推定对方当事人就该证据所涉证明事项的主张成立。

当事人实施前款所列行为，构成民事诉讼法第一百一十一条规定情形的，人民法院依法处理。

第二十六条 证据涉及商业秘密或者其他需要保密的商业信息的，人民法院应当在相关诉讼参与人接触该证据前，要求其签订保密协议、作出保密承诺，或者以裁定等法律文书责令其不得出于本案诉讼之外的任何目的披露、使用、允许他人使用在诉讼程序中接触到的秘密信息。

当事人申请对接触前款所称证据的人员范围作出限制，人民法院经审查认为确有必要的，应当准许。

第二十七条 证人应当出庭作证，接受审判人员及当事人的询问。

双方当事人同意并经人民法院准许，证人不出庭的，人民法院应当组织当事人对该证人证言进行质证。

第二十八条 当事人可以申请有专门知识的人出庭，就专业问题提出意见。经法庭准许，当事人可以对有专门知识的人进行询问。

第二十九条 人民法院指派技术调查官参与庭前会议、开庭审理的，技术调查官可以就案件所涉技术问题询问当事人、诉讼代理人、有专门知识的人、证人、鉴定人、勘验人等。

第三十条 当事人对公证文书提出异议，并提供相反证据足以推翻的，人民法院对该公证文书不予采纳。

当事人对公证文书提出异议的理由成立的，人民法院可以要求公证机构出具说明或者补正，并结合其他相关证据对该公证文书进行审核认定。

第三十一条 当事人提供的财务账簿、会计凭证、销售合同、进出货单据、上市公司年报、招股说明书、网站或者宣传册等有关记载，设备系统存储的交易数据，第三方平台统计的商品流通数据，评估报告，知识产权许可使用合同以及市场监管、税务、金融部门的记录等，可以作为证据，用以证明当事人主张的侵害知识产权赔偿数额。

第三十二条 当事人主张参照知识产权许可使用费的合理倍数确定赔偿数额的，人民法院可以考量下列因素对许可使用费证据进行审核认定：

（一）许可使用费是否实际支付及支付方式，许可使用合同是否实际履行或者备案；

（二）许可使用的权利内容、方式、范围、期限；

（三）被许可人与许可人是否存在利害关系；

（四）行业许可的通常标准。

第三十三条 本规定自 2020 年 11 月 18 日起施行。本院以前发布的相关司法解释与本规定不一致的，以本规定为准。

二、商标注册与管理

规范商标申请注册行为若干规定

(2019 年 10 月 11 日国家市场监督管理总局令第 17 号
公布　自 2019 年 12 月 1 日起施行)

第一条　为了规范商标申请注册行为，规制恶意商标申请，维护商标注册管理秩序，保护社会公共利益，根据《中华人民共和国商标法》（以下简称商标法）和《中华人民共和国商标法实施条例》（以下简称商标法实施条例），制定本规定。

第二条　申请商标注册，应当遵守法律、行政法规和部门规章的规定，具有取得商标专用权的实际需要。

第三条　申请商标注册应当遵循诚实信用原则。不得有下列行为：

（一）属于商标法第四条规定的不以使用为目的恶意申请商标注册的；

（二）属于商标法第十三条规定，复制、摹仿或者翻译他人驰名商标的；

（三）属于商标法第十五条规定，代理人、代表人未经授权申请注册被代理人或者被代表人商标的；基于合同、业务往来关系或者其他关系明知他人在先使用的商标存在而申请注册该商标的；

（四）属于商标法第三十二条规定，损害他人现有的在先权利或者以不正当手段抢先注册他人已经使用并有一定影响的商标的；

116

（五）以欺骗或者其他不正当手段申请商标注册的；

（六）其他违反诚实信用原则，违背公序良俗，或者有其他不良影响的。

第四条　商标代理机构应当遵循诚实信用原则。知道或者应当知道委托人申请商标注册属于下列情形之一的，不得接受其委托：

（一）属于商标法第四条规定的不以使用为目的恶意申请商标注册的；

（二）属于商标法第十五条规定的；

（三）属于商标法第三十二条规定的。

商标代理机构除对其代理服务申请商标注册外，不得申请注册其他商标，不得以不正当手段扰乱商标代理市场秩序。

第五条　对申请注册的商标，商标注册部门发现属于违反商标法第四条规定的不以使用为目的的恶意商标注册申请，应当依法驳回，不予公告。

具体审查规程由商标注册部门根据商标法和商标法实施条例另行制定。

第六条　对初步审定公告的商标，在公告期内，因违反本规定的理由被提出异议的，商标注册部门经审查认为异议理由成立，应当依法作出不予注册决定。

对申请驳回复审和不予注册复审的商标，商标注册部门经审理认为属于违反本规定情形的，应当依法作出驳回或者不予注册的决定。

第七条　对已注册的商标，因违反本规定的理由，在法定期限内被提出宣告注册商标无效申请的，商标注册部门经审理认为宣告无效理由成立，应当依法作出宣告注册商标无效的裁定。

对已注册的商标，商标注册部门发现属于违反本规定情形的，应当依据商标法第四十四条规定，宣告该注册商标无效。

第八条　商标注册部门在判断商标注册申请是否属于违反商标法第四条规定时，可以综合考虑以下因素：

（一）申请人或者与其存在关联关系的自然人、法人、其他组织申请注册商标数量、指定使用的类别、商标交易情况等；

（二）申请人所在行业、经营状况等；

（三）申请人被已生效的行政决定或者裁定、司法判决认定曾从事商标恶意注册行为、侵犯他人注册商标专用权行为的情况；

（四）申请注册的商标与他人有一定知名度的商标相同或者近似的情况；

（五）申请注册的商标与知名人物姓名、企业字号、企业名称简称或者其他商业标识等相同或者近似的情况；

（六）商标注册部门认为应当考虑的其他因素。

第九条 商标转让情况不影响商标注册部门对违反本规定第三条情形的认定。

第十条 注册商标没有正当理由连续三年不使用的，任何单位或者个人可以向商标注册部门申请撤销该注册商标。商标注册部门受理后应当通知商标注册人，限其自收到通知之日起两个月内提交该商标在撤销申请提出前使用的证据材料或者说明不使用的正当理由；期满未提供使用的证据材料或者证据材料无效并没有正当理由的，由商标注册部门撤销其注册商标。

第十一条 商标注册部门作出本规定第五条、第六条、第七条所述决定或者裁定后，予以公布。

第十二条 对违反本规定第三条恶意申请商标注册的申请人，依据商标法第六十八条第四款的规定，由申请人所在地或者违法行为发生地县级以上市场监督管理部门根据情节给予警告、罚款等行政处罚。有违法所得的，可以处违法所得三倍最高不超过三万元的罚款；没有违法所得的，可以处一万元以下的罚款。

第十三条 对违反本规定第四条的商标代理机构，依据商标法第六十八条的规定，由行为人所在地或者违法行为发生地县级以上市场监督管理部门责令限期改正，给予警告，处一万元以上十万元以下的罚款；对直接负责的主管人员和其他直接责任人员给予警告，处五千元以上五万元以下的罚款；构成犯罪的，依法追究刑事责任。情节严重的，知识产权管理部门可以决定停止受理该商标代理机构办理商标代理业务，予以公告。

第十四条 作出行政处罚决定的政府部门应当依法将处罚信息通过国家企业信用信息公示系统向社会公示。

第十五条 对违反本规定第四条的商标代理机构，由知识产权管理部门对其负责人进行整改约谈。

第十六条 知识产权管理部门、市场监督管理部门应当积极引导申请人依法申请商标注册、商标代理机构依法从事商标代理业务，规范生产经营活动中使用注册商标的行为。

知识产权管理部门应当进一步畅通商标申请渠道、优化商标注册流程，提升商标公共服务水平，为申请人直接申请注册商标提供便利化服务。

第十七条 知识产权管理部门应当健全内部监督制度，对从事商标注册工作的国家机关工作人员执行法律、行政法规和遵守纪律的情况加强监督检查。

从事商标注册工作的国家机关工作人员玩忽职守、滥用职权、徇私舞弊，违法办理商标注册事项，收受当事人财物，牟取不正当利益的，应当依法给予处分；构成犯罪的，依法追究刑事责任。

第十八条 商标代理行业组织应当完善行业自律规范，加强行业自律，对违反行业自律规范的会员实行惩戒，并及时向社会公布。

第十九条 本规定自 2019 年 12 月 1 日起施行。

商标评审规则

(1995 年 11 月 2 日国家工商行政管理局第 37 号令公布　根据 2002 年 9 月 17 日国家工商行政管理总局令第 3 号第一次修订　根据 2005 年 9 月 26 日国家工商行政管理总局令第 20 号第二次修订　根据 2014 年 5 月 28 日国家工商行政管理总局令第 65 号第三次修订)

第一章　总　　则

第一条　为规范商标评审程序，根据《中华人民共和国商标法》(以下简称商标法) 和《中华人民共和国商标法实施条例》(以下简称实施条例)，制定本规则。

第二条　根据商标法及实施条例的规定，国家工商行政管理总局商标评审委员会 (以下简称商标评审委员会) 负责处理下列商标评审案件：

(一) 不服国家工商行政管理总局商标局 (以下简称商标局) 驳回商标注册申请决定，依照商标法第三十四条规定申请复审的案件；

(二) 不服商标局不予注册决定，依照商标法第三十五条第三款规定申请复审的案件；

(三) 对已经注册的商标，依照商标法第四十四条第一款、第四十五条第一款规定请求无效宣告的案件；

(四) 不服商标局宣告注册商标无效决定，依照商标法第四十四条第二款规定申请复审的案件；

(五) 不服商标局撤销或者不予撤销注册商标决定，依照商标法第五十四条规定申请复审的案件。

在商标评审程序中，前款第（一）项所指请求复审的商标统称为申请商标，第（二）项所指请求复审的商标统称为被异议商标，第（三）项所指请求无效宣告的商标统称为争议商标，第（四）、（五）项所指请求复审的商标统称为复审商标。本规则中，前述商标统称为评审商标。

第三条 当事人参加商标评审活动，可以以书面方式或者数据电文方式办理。

数据电文方式办理的具体办法由商标评审委员会另行制定。

第四条 商标评审委员会审理商标评审案件实行书面审理，但依照实施条例第六十条规定决定进行口头审理的除外。

口头审理的具体办法由商标评审委员会另行制定。

第五条 商标评审委员会根据商标法、实施条例和本规则做出的决定和裁定，应当以书面方式或者数据电文方式送达有关当事人，并说明理由。

第六条 除本规则另有规定外，商标评审委员会审理商标评审案件实行合议制度，由三名以上的单数商标评审人员组成合议组进行审理。

合议组审理案件，实行少数服从多数的原则。

第七条 当事人或者利害关系人依照实施条例第七条的规定申请商标评审人员回避的，应当以书面方式办理，并说明理由。

第八条 在商标评审期间，当事人有权依法处分自己的商标权和与商标评审有关的权利。在不损害社会公共利益、第三方权利的前提下，当事人之间可以自行或者经调解以书面方式达成和解。

对于当事人达成和解的案件，商标评审委员会可以结案，也可以做出决定或者裁定。

第九条 商标评审案件的共同申请人和共有商标的当事人办理商标评审事宜，应当依照实施条例第十六条第一款的规定确定一个代表人。

代表人参与评审的行为对其所代表的当事人发生效力，但代表人变更、放弃评审请求或者承认对方当事人评审请求的，应当有被代表的当事人书面授权。

商标评审委员会的文件应当送达代表人。

第十条 外国人或者外国企业办理商标评审事宜，在中国有经常居所或者营业所的，可以委托依法设立的商标代理机构办理，也可以直接办理；在中国没有经常居所或者营业所的，应当委托依法设立的商标代理机构办理。

第十一条 代理权限发生变更、代理关系解除或者变更代理人的，当事人应当及时书面告知商标评审委员会。

第十二条 当事人及其代理人可以申请查阅本案有关材料。

第二章 申请与受理

第十三条 申请商标评审，应当符合下列条件：

（一）申请人须有合法的主体资格；

（二）在法定期限内提出；

（三）属于商标评审委员会的评审范围；

（四）依法提交符合规定的申请书及有关材料；

（五）有明确的评审请求、事实、理由和法律依据；

（六）依法缴纳评审费用。

第十四条 申请商标评审，应当向商标评审委员会提交申请书；有被申请人的，应当按照被申请人的数量提交相应份数的副本；评审商标发生转让、移转、变更，已向商标局提出申请但是尚未核准公告的，当事人应当提供相应的证明文件；基于商标局的决定书申请复审的，还应当同时附送商标局的决定书。

第十五条 申请书应当载明下列事项：

（一）申请人的名称、通信地址、联系人和联系电话。评审申请有被申请人的，应当载明被申请人的名称和地址。委托商标代理机构办理商标评审事宜的，还应当载明商标代理机构的名称、地址、联系人和联系电话；

（二）评审商标及其申请号或者初步审定号、注册号和刊登该商标的《商标公告》的期号；

（三）明确的评审请求和所依据的事实、理由及法律依据。

第十六条 商标评审申请不符合本规则第十三条第（一）、（二）、（三）、（六）项规定条件之一的，商标评审委员会不予受理，书面通知申请人，并说明理由。

第十七条 商标评审申请不符合本规则第十三条第（四）、（五）项规定条件之一的，或者未按照实施条例和本规则规定提交有关证明文件的，或者有其他需要补正情形的，商标评审委员会应当向申请人发出补正通知，申请人应当自收到补正通知之日起三十日内补正。

经补正仍不符合规定的，商标评审委员会不予受理，书面通知申请人，并说明理由。未在规定期限内补正的，依照实施条例第五十七条规定，视为申请人撤回评审申请，商标评审委员会应当书面通知申请人。

第十八条 商标评审申请经审查符合受理条件的，商标评审委员会应当在三十日内向申请人发出《受理通知书》。

第十九条 商标评审委员会已经受理的商标评审申请，有下列情形之一的，属于不符合受理条件，应当依照实施条例第五十七条规定予以驳回：

（一）违反实施条例第六十二条规定，申请人撤回商标评审申请后，又以相同的事实和理由再次提出评审申请的；

（二）违反实施条例第六十二条规定，对商标评审委员会已经做出的裁定或者决定，以相同的事实和理由再次提出评审申请的；

（三）其他不符合受理条件的情形。

对经不予注册复审程序予以核准注册的商标提起宣告注册商标无效的，不受前款第（二）项规定限制。

商标评审委员会驳回商标评审申请，应当书面通知申请人，并说明理由。

第二十条　当事人参加评审活动，应当按照对方当事人的数量，提交相应份数的申请书、答辩书、意见书、质证意见及证据材料副本，副本内容应当与正本内容相同。不符合前述要求且经补正仍不符合要求的，依照本规则第十七条第二款的规定，不予受理评审申请，或者视为未提交相关材料。

第二十一条　评审申请有被申请人的，商标评审委员会受理后，应当及时将申请书副本及有关证据材料送达被申请人。被申请人应当自收到申请材料之日起三十日内向商标评审委员会提交答辩书及其副本；未在规定期限内答辩的，不影响商标评审委员会的评审。

商标评审委员会审理不服商标局不予注册决定的复审案件，应当通知原异议人参加并提出意见。原异议人应当在收到申请材料之日起三十日内向商标评审委员会提交意见书及其副本；未在规定期限内提出意见的，不影响案件审理。

第二十二条　被申请人参加答辩和原异议人参加不予注册复审程序应当有合法的主体资格。

商标评审答辩书、意见书及有关证据材料应当按照规定的格式和要求填写、提供。

不符合第二款规定或者有其他需要补正情形的，商标评审委员会向被申请人或者原异议人发出补正通知，被申请人或者原异议人应当自收到补正通知之日起三十日内补正。经补正仍不符合规定或者未在法定期限内补正的，视为未答辩或者未提出意见，不影响商标评审委员会的评审。

第二十三条　当事人需要在提出评审申请或者答辩后补充有关证据材料的，应当在申请书或者答辩书中声明，并自提交申请书或者答辩书之日起三个月内一次性提交；未在申请书或者答辩书中声明或者期满未提交的，视为放弃补充证据材料。但是，在期满后生成或者当事人有其他正当理由未能在期满前提交的证据，在期满后提交的，商标评审委员会将证据交对方当事人并质证后可以采信。

对当事人在法定期限内提供的证据材料，有对方当事人的，商标评审委员会应当将该证据材料副本送达给对方当事人。当事人应当在收到证据材料副本之日起三十日内进行质证。

第二十四条　当事人应当对其提交的证据材料逐一分类编号和制作目录清单，对证据材料的来源、待证的具体事实作简要说明，并签名盖章。

商标评审委员会收到当事人提交的证据材料后，应当按目录清单核对证据材料，并由经办人员在回执上签收，注明提交日期。

第二十五条　当事人名称或者通信地址等事项发生变更的，应当及时通知商标评审委员会，并依需要提供相应的证明文件。

第二十六条　在商标评审程序中，当事人的商标发生转让、移转的，受让人或者承继人应当及时以书面方式声明承受相关主体地位，参加后续评审程序并承担相应的评审后果。

未书面声明且不影响评审案件审理的，商标评审委员会可以将受让人或者承继人列为当事人做出决定或者裁定。

第三章　审　　理

第二十七条　商标评审委员会审理商标评审案件实行合议制度。但有下列情形之一的案件，可以由商标评审人员一人独任评审：

（一）仅涉及商标法第三十条和第三十一条所指在先商标权利冲突的案件中，评审时权利冲突已消除的；

（二）被请求撤销或者无效宣告的商标已经丧失专用权的；

（三）依照本规则第三十二条规定应当予以结案的；

（四）其他可以独任评审的案件。

第二十八条　当事人或者利害关系人依照实施条例第七条和本规则第七条的规定对商标评审人员提出回避申请的，被申请回避的商标评审人员在商标评审委员会做出是否回避的决定前，应当暂停参与本案的审理工作。

商标评审委员会在做出决定、裁定后收到当事人或者利害关系人提出的回避申请的，不影响评审决定、裁定的有效性。但评审人员确实存在需要回避的情形的，商标评审委员会应当依法做出处理。

第二十九条 商标评审委员会审理商标评审案件，应当依照实施条例第五十二条、第五十三条、第五十四条、第五十五条、第五十六条的规定予以审理。

第三十条 经不予注册复审程序予以核准注册的商标，原异议人向商标评审委员会请求无效宣告的，商标评审委员会应当另行组成合议组进行审理。

第三十一条 依照商标法第三十五条第四款、第四十五条第三款和实施条例第十一条第（五）项的规定，需要等待在先权利案件审理结果的，商标评审委员会可以决定暂缓审理该商标评审案件。

第三十二条 有下列情形之一的，终止评审，予以结案：

（一）申请人死亡或者终止后没有继承人或者继承人放弃评审权利的；

（二）申请人撤回评审申请的；

（三）当事人自行或者经调解达成和解协议，可以结案的；

（四）其他应当终止评审的情形。

商标评审委员会予以结案，应当书面通知有关当事人，并说明理由。

第三十三条 合议组审理案件应当制作合议笔录，并由合议组成员签名。合议组成员有不同意见的，应当如实记入合议笔录。

经审理终结的案件，商标评审委员会依法做出决定、裁定。

第三十四条 商标评审委员会做出的决定、裁定应当载明下列内容：

（一）当事人的评审请求、争议的事实、理由和证据；

（二）决定或者裁定认定的事实、理由和适用的法律依据；

（三）决定或者裁定结论；

（四）可以供当事人选用的后续程序和时限；

（五）决定或者裁定做出的日期。

决定、裁定由合议组成员署名，加盖商标评审委员会印章。

第三十五条 对商标评审委员会做出的决定、裁定，当事人不服向人民法院起诉的，应当在向人民法院递交起诉状的同时或者至迟十五日内将该起诉状副本抄送或者另行将起诉信息书面告知商标评审委员会。

除商标评审委员会做出的准予初步审定或者予以核准注册的决定外，商标评审委员会自发出决定、裁定之日起四个月内未收到来自人民法院应诉通知或者当事人提交的起诉状副本、书面起诉通知的，该决定、裁定移送商标局执行。

商标评审委员会自收到当事人提交的起诉状副本或者书面起诉通知之日起四个月内未收到来自人民法院应诉通知的，相关决定、裁定移送商标局执行。

第三十六条 在一审行政诉讼程序中，若因商标评审决定、裁定所引证的商标已经丧失在先权利导致决定、裁定事实认定、法律适用发生变化的，在原告撤诉的情况下，商标评审委员会可以撤回原决定或者裁定，并依据新的事实，重新做出商标评审决定或者裁定。

商标评审决定、裁定送达当事人后，商标评审委员会发现存在文字错误等非实质性错误的，可以向评审当事人发送更正通知书对错误内容进行更正。

第三十七条 商标评审决定、裁定经人民法院生效判决撤销的，商标评审委员会应当重新组成合议组，及时审理，并做出重审决定、裁定。

重审程序中，商标评审委员会对当事人新提出的评审请求和法律依据不列入重审范围；对当事人补充提交的足以影响案件审理结果的证据可以予以采信，有对方当事人的，应当送达对方当事人予以质证。

第四章 证据规则

第三十八条 当事人对自己提出的评审请求所依据的事实或者反驳对方评审请求所依据的事实有责任提供证据加以证明。

证据包括书证、物证、视听资料、电子数据、证人证言、鉴定意见、当事人的陈述等。

没有证据或者证据不足以证明当事人的事实主张的,由负有举证责任的当事人承担不利后果。

一方当事人对另一方当事人陈述的案件事实明确表示承认的,另一方当事人无需举证,但商标评审委员会认为确有必要举证的除外。

当事人委托代理人参加评审的,代理人的承认视为当事人的承认。但未经特别授权的代理人对事实的承认直接导致承认对方评审请求的除外;当事人在场但对其代理人的承认不作否认表示的,视为当事人的承认。

第三十九条 下列事实,当事人无需举证证明:

(一)众所周知的事实;

(二)自然规律及定理;

(三)根据法律规定或者已知事实和日常生活经验法则,能推定出的另一事实;

(四)已为人民法院发生法律效力的裁判所确认的事实;

(五)已为仲裁机构的生效裁决所确认的事实;

(六)已为有效公证文书所证明的事实。

前款(一)、(三)、(四)、(五)、(六)项,有相反证据足以推翻的除外。

第四十条 当事人向商标评审委员会提供书证的,应当提供原件,包括原本、正本和副本。提供原件有困难的,可以提供相应的复印件、照片、节录本；提供由有关部门保管的书证原件的复制件、影印件或者抄录件的，应当注明出处，经该部门核对无异后加盖其印章。

当事人向商标评审委员会提供物证的，应当提供原物。提供原物有困难的，可以提供相应的复制件或者证明该物证的照片、录像等其他证据；原物为数量较多的种类物的，可以提供其中的一部分。

一方当事人对另一方当事人所提书证、物证的复制件、照片、录像等存在怀疑并有相应证据支持的，或者商标评审委员会认为有必要的，被质疑的当事人应当提供或者出示有关证据的原件或者经公证的复印件。

第四十一条　当事人向商标评审委员会提供的证据系在中华人民共和国领域外形成，或者在香港、澳门、台湾地区形成，对方当事人对该证据的真实性存在怀疑并有相应证据支持的，或者商标评审委员会认为必要的，应当依照有关规定办理相应的公证认证手续。

第四十二条　当事人向商标评审委员会提供外文书证或者外文说明资料，应当附有中文译文。未提交中文译文的，该外文证据视为未提交。

对方当事人对译文具体内容有异议的，应当对有异议的部分提交中文译文。必要时，可以委托双方当事人认可的单位对全文，或者所使用或者有异议的部分进行翻译。

双方当事人对委托翻译达不成协议的，商标评审委员会可以指定专业翻译单位对全文，或者所使用的或者有异议的部分进行翻译。委托翻译所需费用由双方当事人各承担50%；拒绝支付翻译费用的，视为其承认对方提交的译文。

第四十三条　对单一证据有无证明力和证明力大小可以从下列方面进行审核认定：

（一）证据是否原件、原物，复印件、复制品与原件、原物是否相符；

（二）证据与本案事实是否相关；

（三）证据的形式、来源是否符合法律规定；

（四）证据的内容是否真实；

（五）证人或者提供证据的人，与当事人有无利害关系。

第四十四条　评审人员对案件的全部证据，应当从各证据与案件事实的关联程度、各证据之间的联系等方面进行综合审查判断。

有对方当事人的，未经交换质证的证据不应当予以采信。

第四十五条　下列证据不能单独作为认定案件事实的依据：

（一）未成年人所作的与其年龄和智力状况不相适应的证言；

（二）与一方当事人有亲属关系、隶属关系或者其他密切关系的证人所作的对该当事人有利的证言，或者与一方当事人有不利关系的证人所作的对该当事人不利的证言；

（三）应当参加口头审理作证而无正当理由不参加的证人证言；

（四）难以识别是否经过修改的视听资料；

（五）无法与原件、原物核对的复制件或者复制品；

（六）经一方当事人或者他人改动，对方当事人不予认可的证据材料；

（七）其他不能单独作为认定案件事实依据的证据材料。

第四十六条　一方当事人提出的下列证据，对方当事人提出异议但没有足以反驳的相反证据的，商标评审委员会应当确认其证明力：

（一）书证原件或者与书证原件核对无误的复印件、照片、副本、节录本；

（二）物证原物或者与物证原物核对无误的复制件、照片、录像资料等；

（三）有其他证据佐证并以合法手段取得的、无疑点的视听资料或者与视听资料核对无误的复制件。

第四十七条　一方当事人委托鉴定部门做出的鉴定结论，另一方当事人没有足以反驳的相反证据和理由的，可以确认其证明力。

第四十八条　一方当事人提出的证据，另一方当事人认可或者提出的相反证据不足以反驳的，商标评审委员会可以确认其证明力。

一方当事人提出的证据，另一方当事人有异议并提出反驳证据，对方当事人对反驳证据认可的，可以确认反驳证据的证明力。

第四十九条　双方当事人对同一事实分别举出相反的证据，但都没有足够的依据否定对方证据的，商标评审委员会应当结合案件情况，判断一方提供证据的证明力是否明显大于另一方提供证据的证明力，并对证明力较大的证据予以确认。

因证据的证明力无法判断导致争议事实难以认定的，商标评审委员会应当依据举证责任分配原则做出判断。

第五十条　评审程序中，当事人在申请书、答辩书、陈述及其委托代理人的代理词中承认的对己方不利的事实和认可的证据，商标评审委员会应当予以确认，但当事人反悔并有相反证据足以推翻的除外。

第五十一条　商标评审委员会就数个证据对同一事实的证明力，可以依照下列原则认定：

（一）国家机关以及其他职能部门依职权制作的公文文书优于其他书证；

（二）鉴定结论、档案材料以及经过公证或者登记的书证优于其他书证、视听资料和证人证言；

（三）原件、原物优于复制件、复制品；

（四）法定鉴定部门的鉴定结论优于其他鉴定部门的鉴定结论；

（五）原始证据优于传来证据；

（六）其他证人证言优于与当事人有亲属关系或者其他密切关系的证人提供的对该当事人有利的证言；

（七）参加口头审理作证的证人证言优于未参加口头审理作证的证人证言；

（八）数个种类不同、内容一致的证据优于一个孤立的证据。

第五章　期间、送达

第五十二条　期间包括法定期间和商标评审委员会指定的期间。期间应当依照实施条例第十二条的规定计算。

第五十三条　当事人向商标评审委员会提交的文件或者材料的日期，直接递交的，以递交日为准；邮寄的，以寄出的邮戳日为准；邮戳日不清晰或者没有邮戳的，以商标评审委员会实际收到日为准，但是当事人能够提出实际邮戳日证据的除外。通过邮政企业以外的快递企业递交的，以快递企业收寄日为准；收寄日不明确的，以商标评审委员会实际收到日为准，但是当事人能够提出实际收寄日证据的除外。以数据电文方式提交的，以进入商标评审委员会电子系统的日期为准。

当事人向商标评审委员会邮寄文件，应当使用给据邮件。

当事人向商标评审委员会提交文件，应当在文件中标明商标申请号或者注册号、申请人名称。提交的文件内容，以书面方式提交的，以商标评审委员会所存档案记录为准；以数据电文方式提交的，以商标评审委员会数据库记录为准，但是当事人确有证据证明商标评审委员会档案、数据库记录有错误的除外。

第五十四条　商标评审委员会的各种文件，可以通过邮寄、直接递交、数据电文或者其他方式送达当事人；以数据电文方式送达当事人的，应当经当事人同意。当事人委托商标代理机构的，文件送达商标代理机构视为送达当事人。

商标评审委员会向当事人送达各种文件的日期，邮寄的，以当事人收到的邮戳日为准；邮戳日不清晰或者没有邮戳的，自文件发出之日起满十五日，视为送达当事人，但当事人能够证明实际收到日的除外；直接递交的，以递交日为准。以数据电文方式送达的，自文件发出之日满十五日，视为送达当事人；文件通过上述方式无法送达的，可以通过公告方式送达当事人，自公告发布之日起满三十日，该文件视为已经送达。

商标评审委员会向当事人邮寄送达文件被退回后通过公告送达的，后续文件均采取公告送达方式，但当事人在公告送达后明确告知通信地址的除外。

第五十五条 依照实施条例第五条第三款的规定，商标评审案件的被申请人或者原异议人是在中国没有经常居所或者营业所的外国人或者外国企业的，由该评审商标注册申请书中载明的国内接收人负责接收商标评审程序的有关法律文件；商标评审委员会将有关法律文件送达该国内接收人，视为送达当事人。

依照前款规定无法确定国内接收人的，由商标局原审程序中的或者最后一个申请办理该商标相关事宜的商标代理机构承担商标评审程序中有关法律文件的签收及转达义务；商标评审委员会将有关法律文件送达该商标代理机构。商标代理机构在有关法律文件送达之前已经与国外当事人解除商标代理关系的，应当以书面形式向商标评审委员会说明有关情况，并自收到文件之日起十日内将有关法律文件交回商标评审委员会，由商标评审委员会另行送达。

马德里国际注册商标涉及国际局转发相关书件的，应当提交相应的送达证据。未提交的，应当书面说明原因，自国际局发文之日起满十五日视为送达。

上述方式无法送达的，公告送达。

第六章　附　　则

第五十六条 从事商标评审工作的国家机关工作人员玩忽职守、滥用职权、徇私舞弊，违法办理商标评审事项，收受当事人财物，牟取不正当利益的，依法给予处分。

第五十七条 对于当事人不服商标局做出的驳回商标注册申请

决定在 2014 年 5 月 1 日以前向商标评审委员会提出复审申请，商标评审委员会于 2014 年 5 月 1 日以后（含 5 月 1 日，下同）审理的案件，适用修改后的商标法。

对于当事人不服商标局做出的异议裁定在 2014 年 5 月 1 日以前向商标评审委员会提出复审申请，商标评审委员会于 2014 年 5 月 1 日以后审理的案件，当事人提出异议和复审的主体资格适用修改前的商标法，其他程序问题和实体问题适用修改后的商标法。

对于已经注册的商标，当事人在 2014 年 5 月 1 日以前向商标评审委员会提出争议和撤销复审申请，商标评审委员会于 2014 年 5 月 1 日以后审理的案件，相关程序问题适用修改后的商标法，实体问题适用修改前的商标法。

对于当事人在 2014 年 5 月 1 日以前向商标评审委员会提出申请的商标评审案件，应当自 2014 年 5 月 1 日起开始计算审理期限。

第五十八条 办理商标评审事宜的文书格式，由商标评审委员会制定并公布。

第五十九条 本规则由国家工商行政管理总局负责解释。

第六十条 本规则自 2014 年 6 月 1 日起施行。

商标评审案件口头审理办法

（2017 年 5 月 4 日 工商办字〔2017〕65 号）

第一条 为了查明商标评审案件的有关事实，依据《中华人民共和国商标法》《中华人民共和国商标法实施条例》《商标评审规则》，制定本办法。

第二条 商标评审委员会根据当事人的请求或者案件审理的需要，可以决定对商标评审案件进行口头审理。

第三条 商标评审案件当事人对案件有关证据存在疑问，认为应当进行当场质证的，可以向商标评审委员会请求进行口头审理。请求应当提出书面申请，并说明理由。商标评审委员会认为确有必要的，可以决定进行口头审理。

当事人请求进行口头审理，但根据案件书面材料已足以查明案件事实的，商标评审委员会可以决定不进行口头审理，并在评审决定、裁定中予以说明。

第四条 申请人请求进行口头审理的，应当在提出评审申请时或者最晚自收到被申请人的答辩书副本之日起三十日内向商标评审委员会提出；被申请人请求进行口头审理的，应当在向商标评审委员会提交答辩书或者补充有关证据材料时一并提出。

第五条 根据审理案件的实际需要，商标评审委员会也可以依职权决定对评审案件进行口头审理。

第六条 商标评审委员会决定进行口头审理的，应当书面通知当事人，告知口头审理的日期、地点、合议组组成人员、口头审理程序、口头审理参加人的权利义务等事项。

当事人应当自收到口头审理通知之日起 10 日内向商标评审委员会提交口头审理回执。申请合议组组成人员回避的，应随回执一并提出，并说明理由。

当事人期满未提交回执的，视为不参加口头审理。有关当事人不参加口头审理的，商标评审委员会可以决定缺席审理或者取消口头审理。

第七条 参加口头审理的各方人员，包括委托代理人，不应超过两人，但经商标评审委员会同意的除外。

第八条 口头审理进行前，商标评审委员会应当在办公场所、官方网站或者报纸、期刊上对口头审理案件的有关信息予以公告。

第九条 口头审理工作由承办案件的合议组负责，合议组应当由三人以上单数组成，设合议组组长一名。

第十条 口头审理开始前，合议组应当核对口头审理参加人员的身份信息，确认其参加口头审理的资格，并宣布口头审理纪律。

第十一条　口头审理由合议组组长主持。合议组组长宣布口头审理开始后，口头审理调查按照以下顺序进行：

（一）合议组成员介绍案件基本情况，明确案件争议的主要问题；

（二）申请人陈述评审请求；

（三）被申请人答辩。

第十二条　当事人应将其在评审程序中提交的全部证据在口头审理时出示，由对方当事人质证。

第十三条　当事人在质证时应当围绕证据的真实性、关联性、合法性，对证据证明力有无以及证明力大小，进行质疑、说明与辩驳。

质证按照下列顺序进行：

（一）申请人出示证据，被申请人与申请人进行质证；

（二）被申请人出示证据，申请人与被申请人进行质证。

第十四条　经商标评审委员会同意，口头审理可以请证人到场作证。证人不得旁听口头审理。询问证人时，其他证人不得在场。

第十五条　合议组成员可以就有关事实和证据向当事人或者证人提问，可以要求当事人或者证人作出解释；必要时，可以要求证人进行对质。

当事人经合议组许可，可以询问证人。

第十六条　口头审理结束前，由合议组按照申请人、被申请人的先后顺序征询各方最后意见陈述。最后意见陈述后，口头审理结束。

第十七条　口头审理过程中，有关当事人未经许可中途退出审理的，或者因妨碍口头审理进行被合议组责令退出审理的，合议组可以缺席审理，并就退出审理的事实进行记录，由当事人或者合议组签字确认。各方当事人均退出口头审理的，口头审理终止。

口头审理过程中，双方当事人达成和解协议或者有和解意愿的，口头审理终止。

第十八条　书记员或合议组组长指定的合议组成员应当将口头审理的重要事项记入口头审理笔录。除笔录外，合议组还可以使用录音、录像设备进行记录。

口头审理结束后，合议组应将笔录交当事人核实。对笔录的差错，当事人有权要求更正。笔录核实无误后应当由当事人签字并存入案卷。当事人拒绝签字的，由合议组在口头审理笔录中注明。

第十九条　口头审理时，未经商标评审委员会许可不得旁听、拍照、录音和录像。

第二十条　本办法所称"当事人"、"被申请人"包括不予注册复审案件中的原异议人。

第二十一条　本办法自发布之日起实施。

集体商标、证明商标注册和管理办法

（2003 年 4 月 17 日国家工商行政管理总局令第 6 号公布　自 2003 年 6 月 1 日起施行）

第一条　根据《中华人民共和国商标法》（以下简称商标法）第三条的规定，制定本办法。

第二条　集体商标、证明商标的注册和管理，依照商标法、《中华人民共和国商标法实施条例》（以下简称实施条例）和本办法的有关规定进行。

第三条　本办法有关商品的规定，适用于服务。

第四条　申请集体商标注册的，应当附送主体资格证明文件并应当详细说明该集体组织成员的名称和地址；以地理标志作为集体商标申请注册的，应当附送主体资格证明文件并应当详细说明其所具有的或者其委托的机构具有的专业技术人员、专业检测设备等情况，以表明其具有监督使用该地理标志商品的特定品质的能力。

申请以地理标志作为集体商标注册的团体、协会或者其他组织，应当由来自该地理标志标示的地区范围内的成员组成。

第五条 申请证明商标注册的，应当附送主体资格证明文件并应当详细说明其所具有的或者其委托的机构具有的专业技术人员、专业检测设备等情况，以表明其具有监督该证明商标所证明的特定商品品质的能力。

第六条 申请以地理标志作为集体商标、证明商标注册的，还应当附送管辖该地理标志所标示地区的人民政府或者行业主管部门的批准文件。

外国人或者外国企业申请以地理标志作为集体商标、证明商标注册的，申请人应当提供该地理标志以其名义在其原属国受法律保护的证明。

第七条 以地理标志作为集体商标、证明商标注册的，应当在申请书件中说明下列内容：

（一）该地理标志所标示的商品的特定质量、信誉或者其他特征；

（二）该商品的特定质量、信誉或者其他特征与该地理标志所标示的地区的自然因素和人文因素的关系；

（三）该地理标志所标示的地区的范围。

第八条 作为集体商标、证明商标申请注册的地理标志，可以是该地理标志标示地区的名称，也可以是能够标示某商品来源于该地区的其他可视性标志。

前款所称地区无需与该地区的现行行政区划名称、范围完全一致。

第九条 多个葡萄酒地理标志构成同音字或者同形字的，在这些地理标志能够彼此区分且不误导公众的情况下，每个地理标志都可以作为集体商标或者证明商标申请注册。

第十条 集体商标的使用管理规则应当包括：

（一）使用集体商标的宗旨；

（二）使用该集体商标的商品的品质；

（三）使用该集体商标的手续；

（四）使用该集体商标的权利、义务；

（五）成员违反其使用管理规则应当承担的责任；

（六）注册人对使用该集体商标商品的检验监督制度。

第十一条　证明商标的使用管理规则应当包括：

（一）使用证明商标的宗旨；

（二）该证明商标证明的商品的特定品质；

（三）使用该证明商标的条件；

（四）使用该证明商标的手续；

（五）使用该证明商标的权利、义务；

（六）使用人违反该使用管理规则应当承担的责任；

（七）注册人对使用该证明商标商品的检验监督制度。

第十二条　使用他人作为集体商标、证明商标注册的葡萄酒、烈性酒地理标志标示并非来源于该地理标志所标示地区的葡萄酒、烈性酒，即使同时标出了商品的真正来源地，或者使用的是翻译文字，或者伴有诸如某某"种"、某某"型"、某某"式"、某某"类"等表述的，适用《商标法》第十六条的规定。

第十三条　集体商标、证明商标的初步审定公告的内容，应当包括该商标的使用管理规则的全文或者摘要。

集体商标、证明商标注册人对使用管理规则的任何修改，应报经商标局审查核准，并自公告之日起生效。

第十四条　集体商标注册人的成员发生变化的，注册人应当向商标局申请变更注册事项，由商标局公告。

第十五条　证明商标注册人准许他人使用其商标的，注册人应当在一年内报商标局备案，由商标局公告。

第十六条　申请转让集体商标、证明商标的，受让人应当具备相应的主体资格，并符合商标法、实施条例和本办法的规定。

集体商标、证明商标发生移转的，权利继受人应当具备相应的主体资格，并符合商标法、实施条例和本办法的规定。

第十七条　集体商标注册人的集体成员，在履行该集体商标使用管理规则规定的手续后，可以使用该集体商标。

集体商标不得许可非集体成员使用。

第十八条　凡符合证明商标使用管理规则规定条件的，在履行该证明商标使用管理规则规定的手续后，可以使用该证明商标，注册人不得拒绝办理手续。

实施条例第六条第二款中的正当使用该地理标志是指正当使用该地理标志中的地名。

第十九条　使用集体商标的，注册人应发给使用人《集体商标使用证》；使用证明商标的，注册人应发给使用人《证明商标使用证》。

第二十条　证明商标的注册人不得在自己提供的商品上使用该证明商标。

第二十一条　集体商标、证明商标注册人没有对该商标的使用进行有效管理或者控制，致使该商标使用的商品达不到其使用管理规则的要求，对消费者造成损害的，由工商行政管理部门责令限期改正；拒不改正的，处以违法所得3倍以下的罚款，但最高不超过3万元；没有违法所得的，处以1万元以下的罚款。

第二十二条　违反《实施条例》第六条、本办法第十四条、第十五条、第十七条、第十八条、第二十条规定的，由工商行政管理部门责令限期改正；拒不改正的，处以违法所得3倍以下的罚款，但最高不超过3万元；没有违法所得的，处以1万元以下的罚款。

第二十三条　本办法自2003年6月1日起施行。国家工商行政管理局1994年12月30日发布的《集体商标、证明商标注册和管理办法》同时废止。

商标代理监督管理规定

(2022 年 10 月 27 日国家市场监督管理总局令第 63 号
公布　自 2022 年 12 月 1 日起施行)

第一章　总　　则

第一条　为了规范商标代理行为，提升商标代理服务质量，维护商标代理市场的正常秩序，促进商标代理行业健康发展，根据《中华人民共和国商标法》（以下简称商标法）、《中华人民共和国商标法实施条例》（以下简称商标法实施条例）以及其他有关法律法规，制定本规定。

第二条　商标代理机构接受委托人的委托，可以以委托人的名义在代理权限范围内依法办理以下事宜：

（一）商标注册申请；

（二）商标变更、续展、转让、注销；

（三）商标异议；

（四）商标撤销、无效宣告；

（五）商标复审、商标纠纷的处理；

（六）其他商标事宜。

本规定所称商标代理机构，包括经市场主体登记机关依法登记从事商标代理业务的服务机构和从事商标代理业务的律师事务所。

第三条　商标代理机构和商标代理从业人员应当遵守法律法规和国家有关规定，遵循诚实信用原则，恪守职业道德，规范从业行为，提升商标代理服务质量，维护委托人的合法权益和商标代理市场正常秩序。

本规定所称商标代理从业人员包括商标代理机构的负责人，以及受商标代理机构指派承办商标代理业务的本机构工作人员。

商标代理从业人员应当遵纪守法，有良好的信用状况，品行良好，熟悉商标法律法规，具备依法从事商标代理业务的能力。

第四条 商标代理行业组织是商标代理行业的自律性组织。

商标代理行业组织应当严格行业自律，依照章程规定，制定行业自律规范和惩戒规则，加强业务培训和职业道德、职业纪律教育，组织引导商标代理机构和商标代理从业人员依法规范从事代理业务，不断提高行业服务水平。

知识产权管理部门依法加强对商标代理行业组织的监督和指导，支持商标代理行业组织加强行业自律和规范。

鼓励商标代理机构、商标代理从业人员依法参加商标代理行业组织。

第二章　商标代理机构备案

第五条 商标代理机构从事国家知识产权局主管的商标事宜代理业务的，应当依法及时向国家知识产权局备案。

商标代理机构备案的有效期为三年。有效期届满需要继续从事代理业务的，商标代理机构可以在有效期届满前六个月内办理延续备案。每次延续备案的有效期为三年，自原备案有效期满次日起计算。

第六条 商标代理机构的备案信息包括：

（一）营业执照或者律师事务所执业许可证；

（二）商标代理机构的名称、住所、联系方式、统一社会信用代码，负责人、非上市公司的股东、合伙人姓名；

（三）商标代理从业人员姓名、身份证件号码、联系方式；

（四）法律法规以及国家知识产权局规定应当提供的其他信息。

国家知识产权局能够通过政务信息共享平台获取的相关信息，

不得要求商标代理机构重复提供。

第七条 商标代理机构备案信息发生变化的，应当自实际发生变化或者有关主管部门登记、批准之日起三十日内向国家知识产权局办理变更备案，并提交相应材料。

第八条 商标代理机构申请市场主体注销登记，备案有效期届满未办理延续或者自行决定不再从事商标代理业务，被撤销或者被吊销营业执照、律师事务所执业许可证，或者国家知识产权局决定永久停止受理其办理商标代理业务的，应当在妥善处理未办结的商标代理业务后，向国家知识产权局办理注销备案。

商标代理机构存在前款规定情形的，国家知识产权局应当在商标网上服务系统、商标代理系统中进行标注，并不再受理其提交的商标代理业务申请，但处理未办结商标代理业务的除外。

商标代理机构应当在申请市场主体注销登记或者自行决定不再从事商标代理业务前，或者自接到撤销、吊销决定书、永久停止受理其办理商标代理业务决定之日起三十日内，按照法律法规规定和合同约定妥善处理未办结的商标代理业务，通知委托人办理商标代理变更，或者经委托人同意与其他已经备案的商标代理机构签订业务移转协议。

第九条 商标代理机构提交的备案、变更备案、延续备案或者注销备案材料符合规定的，国家知识产权局应当及时予以办理，通知商标代理机构并依法向社会公示。

第三章 商标代理行为规范

第十条 商标代理机构从事商标代理业务不得采取欺诈、诱骗等不正当手段，不得损害国家利益、社会公共利益和他人合法权益。

商标代理机构不得以其法定代表人、股东、合伙人、实际控制人、高级管理人员、员工等的名义变相申请注册或者受让其代理服务以外的其他商标，也不得通过另行设立市场主体或者通过与其存在关联关系的市场主体等其他方式变相从事上述行为。

第十一条 商标代理机构应当积极履行管理职责，规范本机构商标代理从业人员职业行为，建立健全质量管理、利益冲突审查、恶意申请筛查、投诉处理、保密管理、人员管理、财务管理、档案管理等管理制度，对本机构商标代理从业人员遵守法律法规、行业规范等情况进行监督，发现问题及时予以纠正。

商标代理机构应当加强对本机构商标代理从业人员的职业道德和职业纪律教育，组织开展业务学习，为其参加业务培训和继续教育提供条件。

第十二条 商标代理机构应当在其住所或者经营场所醒目位置悬挂营业执照或者律师事务所执业许可证。

商标代理机构通过网络从事商标代理业务的，应当在其网站首页或者从事经营活动的主页面显著位置持续公示机构名称、经营场所、经营范围等营业执照或者律师事务所执业许可证记载的信息，以及其他商标代理业务备案信息等。

第十三条 商标代理机构从事商标代理业务，应当与委托人以书面形式签订商标代理委托合同，依法约定双方的权利义务以及其他事项。商标代理委托合同不得违反法律法规以及国家有关规定。

第十四条 商标代理机构接受委托办理商标代理业务，应当进行利益冲突审查，不得在同一案件中接受有利益冲突的双方当事人委托。

第十五条 商标代理机构应当按照委托人的要求依法办理商标注册申请或者其他商标事宜；在代理过程中应当遵守关于商业秘密和个人信息保护的有关规定。

委托人申请注册的商标可能存在商标法规定不得注册情形的，商标代理机构应当以书面通知等方式明确告知委托人。

商标代理机构知道或者应当知道委托人申请注册的商标属于商标法第四条、第十五条和第三十二条规定情形的，不得接受其委托。

商标代理机构应当严格履行代理职责，依据商标法第二十七条，对委托人所申报的事项和提供的商标注册申请或者办理其他商标事宜的材料进行核对，及时向委托人通报委托事项办理进展情况、送交法律文书和材料，无正当理由不得拖延。

第十六条 商标代理从业人员应当根据商标代理机构的指派承办商标代理业务，不得以个人名义自行接受委托。

商标代理从业人员不得同时在两个以上商标代理机构从事商标代理业务。

第十七条 商标代理机构向国家知识产权局提交的有关文件，应当加盖本代理机构公章并由相关商标代理从业人员签字。

商标代理机构和商标代理从业人员对其盖章和签字办理的商标代理业务负责。

第十八条 商标代理机构应当对所承办业务的案卷和有关材料及时立卷归档，妥善保管。

商标代理机构的记录应当真实、准确、完整。

第十九条 商标代理机构收费应当遵守相关法律法规，遵循自愿、公平、合理和诚实信用原则，兼顾经济效益和社会效益。

第四章　商标代理监管

第二十条 知识产权管理部门建立商标代理机构和商标代理从业人员信用档案。

国家知识产权局对信用档案信息进行归集整理，开展商标代理行业分级分类评价。地方知识产权管理部门、市场监督管理部门、商标代理行业组织应当协助做好信用档案信息的归集整理工作。

第二十一条 以下信息应当记入商标代理机构和商标代理从业人员信用档案：

（一）商标代理机构和商标代理从业人员受到行政处罚的信息；

（二）商标代理机构接受监督检查的信息；

（三）商标代理机构和商标代理从业人员加入商标代理行业组织信息，受到商标代理行业组织惩戒的信息；

（四）商标代理机构被列入经营异常名录或者严重违法失信名单的信息；

（五）其他可以反映商标代理机构信用状况的信息。

第二十二条 商标代理机构应当按照国家有关规定报送年度报告。

第二十三条 商标代理机构故意侵犯知识产权，提交恶意商标注册申请，损害社会公共利益，从事严重违法商标代理行为，性质恶劣、情节严重、社会危害较大，受到较重行政处罚的，按照《市场监督管理严重违法失信名单管理办法》等有关规定列入严重违法失信名单。

第二十四条 知识产权管理部门依法对商标代理机构和商标代理从业人员代理行为进行监督检查，可以依法查阅、复制有关材料，询问当事人或者其他与案件有关的单位和个人，要求当事人或者有关人员在一定期限内如实提供有关材料，以及采取其他合法必要合理的措施。商标代理机构和商标代理从业人员应当予以协助配合。

第二十五条 知识产权管理部门应当引导商标代理机构合法从事商标代理业务，提升服务质量。

对存在商标代理违法违规行为的商标代理机构或者商标代理从业人员，知识产权管理部门可以依职责对其进行约谈、提出意见，督促其及时整改。

第二十六条 知识产权管理部门负责商标代理等信息的发布和公示工作，健全与市场监督管理部门之间的信息共享、查处情况通报、业务指导等协同配合机制。

第五章　商标代理违法行为的处理

第二十七条 有下列情形之一的，属于商标法第六十八条第一款第一项规定的办理商标事宜过程中，伪造、变造或者使用伪造、变造的法律文件、印章、签名的行为：

（一）伪造、变造国家机关公文、印章的；

（二）伪造、变造国家机关之外其他单位的法律文件、印章的；

（三）伪造、变造签名的；

（四）知道或者应当知道属于伪造、变造的公文、法律文件、印章、签名，仍然使用的；

（五）其他伪造、变造或者使用伪造、变造的法律文件、印章、签名的情形。

第二十八条 有下列情形之一的，属于以诋毁其他商标代理机构等手段招徕商标代理业务的行为：

（一）编造、传播虚假信息或者误导性信息，损害其他商标代理机构商业声誉的；

（二）教唆、帮助他人编造、传播虚假信息或者误导性信息，损害其他商标代理机构商业声誉的；

（三）其他以诋毁其他商标代理机构等手段招徕商标代理业务的情形。

第二十九条 有下列情形之一的，属于商标法第六十八条第一款第二项规定的以其他不正当手段扰乱商标代理市场秩序的行为：

（一）知道或者应当知道委托人以欺骗手段或者其他不正当手段申请注册，或者利用突发事件、公众人物、舆论热点等信息，恶意申请注册有害于社会主义道德风尚或者有其他不良影响的商标，仍接受委托的；

（二）向从事商标注册和管理工作的人员进行贿赂或者利益输送，或者违反规定获取尚未公开的商标注册相关信息、请托转递涉案材料等，牟取不正当利益的；

（三）违反法律法规和国家有关从业限制的规定，聘用曾从事商标注册和管理工作的人员，经知识产权管理部门告知后，拖延或者拒绝纠正其聘用行为的；

（四）代理不同的委托人申请注册相同或者类似商品或者服务上的相同商标的，申请时在先商标已经无效的除外；

（五）知道或者应当知道转让商标属于恶意申请的注册商标，仍帮助恶意注册人办理转让的；

（六）假冒国家机关官方网站、邮箱、电话等或者以国家机关工作人员的名义提供虚假信息误导公众，或者向委托人提供商标业务相关材料或者收取费用牟取不正当利益的；

（七）知道或者应当知道委托人滥用商标权仍接受委托，或者指使商标权利人滥用商标权牟取不正当利益的；

（八）知道或者应当知道委托人使用的是伪造、变造、编造的虚假商标材料，仍帮助委托人提交，或者与委托人恶意串通制作、提交虚假商标申请等材料的；

（九）虚构事实向主管部门举报其他商标代理机构的；

（十）为排挤竞争对手，以低于成本的价格提供服务的；

（十一）其他以不正当手段扰乱商标代理市场秩序的情形。

第三十条　有下列情形之一的，属于商标法第十九条第三款、第四款规定的行为：

（一）曾经代理委托人申请注册商标或者办理异议、无效宣告以及复审事宜，委托人商标因违反商标法第四条、第十五条或者第三十二条规定，被国家知识产权局生效的决定或者裁定驳回申请、不予核准注册或者宣告无效，仍代理其在同一种或者类似商品上再次提交相同或者近似商标注册申请的；

（二）曾经代理委托人办理其他商标业务，知悉委托人商标存在违反商标法第四条、第十五条或者第三十二条规定的情形，仍接受委托的；

（三）违反本规定第十条第二款规定的；

（四）其他属于商标法第十九条第三款、第四款规定的情形。

第三十一条　有下列情形之一的，属于以欺诈、虚假宣传、引人误解或者商业贿赂等方式招徕业务的行为：

148

（一）与他人恶意串通或者虚构事实，诱骗委托人委托其办理商标事宜的；

（二）以承诺结果、夸大自身代理业务成功率等形式误导委托人的；

（三）伪造或者变造荣誉、资质资格，欺骗、误导公众的；

（四）以盗窃、贿赂、欺诈、胁迫或者其他不正当手段获取商标信息，或者披露、使用、允许他人使用以前述手段获取的商标信息，以谋取交易机会的；

（五）明示或者暗示可以通过非正常方式加速办理商标事宜，或者提高办理商标事宜成功率，误导委托人的；

（六）以给予财物或者其他手段贿赂单位或者个人，以谋取交易机会的；

（七）其他以不正当手段招徕商标代理业务的情形。

第三十二条　有下列情形之一的，属于商标法实施条例第八十八条第三项规定的在同一商标案件中接受有利益冲突的双方当事人委托的行为：

（一）在商标异议、撤销、宣告无效案件或者复审、诉讼程序中接受双方当事人委托的；

（二）曾代理委托人申请商标注册，又代理其他人对同一商标提出商标异议、撤销、宣告无效申请的；

（三）其他在同一案件中接受有利益冲突的双方当事人委托的情形。

第三十三条　商标代理机构通过网络从事商标代理业务，有下列行为之一的，《中华人民共和国反垄断法》《中华人民共和国反不正当竞争法》《中华人民共和国价格法》《中华人民共和国广告法》等法律法规有规定的，从其规定；没有规定的，由市场监督管理部门给予警告，可以处五万元以下罚款；情节严重的，处五万元以上十万元以下罚款：

（一）利用其客户资源、平台数据以及其他经营者对其在商标代理服务上的依赖程度等因素，恶意排挤竞争对手的；

（二）通过编造用户评价、伪造业务量等方式进行虚假或者引人误解的商业宣传，欺骗、误导委托人的；

（三）通过电子侵入、擅自外挂插件等方式，影响商标网上服务系统、商标代理系统等正常运行的；

（四）通过网络展示具有重大不良影响商标的；

（五）其他通过网络实施的违法商标代理行为。

第三十四条 市场监督管理部门依据商标法第六十八条规定对商标代理机构的违法行为进行查处后，依照有关规定将查处情况通报国家知识产权局。国家知识产权局收到通报，或者发现商标代理机构存在商标法第六十八条第一款行为，情节严重的，可以依法作出停止受理其办理商标代理业务六个月以上直至永久停止受理的决定，并予公告。

因商标代理违法行为，两年内受到三次以上行政处罚的，属于前款规定情节严重的情形。

商标代理机构被停止受理商标代理业务的，在停止受理业务期间，或者未按照本规定第八条第三款规定妥善处理未办结商标代理业务的，该商标代理机构负责人、直接责任人员以及负有管理责任的股东、合伙人不得在商标代理机构新任负责人、股东、合伙人。

第三十五条 国家知识产权局作出的停止受理商标代理机构办理商标代理业务决定有期限的，期限届满并且已改正违法行为的，恢复受理该商标代理机构业务，并予公告。

第三十六条 从事商标代理业务的商标代理机构，未依法办理备案、变更备案、延续备案或者注销备案，未妥善处理未办结的商标代理业务，或者违反本规定第十五条第四款规定，损害委托人利益或者扰乱商标代理市场秩序的，由国家知识产权局予以通报，并记入商标代理机构信用档案。

商标代理机构有前款所述情形的，由市场监督管理部门责令限期改正；期满不改正的，给予警告，情节严重的，处十万元以下罚款。

第三十七条 知识产权管理部门应当健全内部监督制度，对从事商标注册和管理工作的人员执行法律法规和遵守纪律的情况加强监督检查。

从事商标注册和管理工作的人员必须秉公执法，廉洁自律，忠于职守，文明服务，不得从事商标代理业务或者违反规定从事、参与营利性活动。从事商标注册和管理工作的人员离职后的从业限制，依照或者参照《中华人民共和国公务员法》等法律法规和国家有关规定执行。

第三十八条 从事商标注册和管理工作的人员玩忽职守、滥用职权、徇私舞弊，违法办理商标注册事项和其他商标事宜，收受商标代理机构或者商标代理从业人员财物，牟取不正当利益的，应当依法进行处理；构成犯罪的，依法追究刑事责任。

第三十九条 知识产权管理部门对违法违纪行为涉及的商标，应当依据商标法以及相关法律法规严格审查和监督管理，并及时处理。

第四十条 法律法规对商标代理机构经营活动违法行为的处理另有规定的，从其规定。

第四十一条 律师事务所和律师从事商标代理业务除遵守法律法规和本规定外，还应当遵守国家其他有关规定。

第四十二条 除本规定第二条规定的商标代理机构外，其他机构或者个人违反本规定从事商标代理业务或者与商标代理业务有关的其他活动，参照本规定处理。

第四十三条 本规定自 2022 年 12 月 1 日起施行。

三、驰名商标

驰名商标认定和保护规定

（2014 年 7 月 3 日国家工商行政管理总局令第 66 号公布　自公布之日起 30 日后施行）

第一条　为规范驰名商标认定工作，保护驰名商标持有人的合法权益，根据《中华人民共和国商标法》（以下简称商标法）、《中华人民共和国商标法实施条例》（以下简称实施条例），制定本规定。

第二条　驰名商标是在中国为相关公众所熟知的商标。

相关公众包括与使用商标所标示的某类商品或者服务有关的消费者，生产前述商品或者提供服务的其他经营者以及经销渠道中所涉及的销售者和相关人员等。

第三条　商标局、商标评审委员会根据当事人请求和审查、处理案件的需要，负责在商标注册审查、商标争议处理和工商行政管理部门查处商标违法案件过程中认定和保护驰名商标。

第四条　驰名商标认定遵循个案认定、被动保护的原则。

第五条　当事人依照商标法第三十三条规定向商标局提出异议，并依照商标法第十三条规定请求驰名商标保护的，可以向商标局提出驰名商标保护的书面请求并提交其商标构成驰名商标的证据材料。

第六条　当事人在商标不予注册复审案件和请求无效宣告案件中，依照商标法第十三条规定请求驰名商标保护的，可以向商标评审委员会提出驰名商标保护的书面请求并提交其商标构成驰名商标的证据材料。

第七条 涉及驰名商标保护的商标违法案件由市（地、州）级以上工商行政管理部门管辖。当事人请求工商行政管理部门查处商标违法行为，并依照商标法第十三条规定请求驰名商标保护的，可以向违法行为发生地的市（地、州）级以上工商行政管理部门进行投诉，并提出驰名商标保护的书面请求，提交证明其商标构成驰名商标的证据材料。

第八条 当事人请求驰名商标保护应当遵循诚实信用原则，并对事实及所提交的证据材料的真实性负责。

第九条 以下材料可以作为证明符合商标法第十四条第一款规定的证据材料：

（一）证明相关公众对该商标知晓程度的材料。

（二）证明该商标使用持续时间的材料，如该商标使用、注册的历史和范围的材料。该商标为未注册商标的，应当提供证明其使用持续时间不少于五年的材料。该商标为注册商标的，应当提供证明其注册时间不少于三年或者持续使用时间不少于五年的材料。

（三）证明该商标的任何宣传工作的持续时间、程度和地理范围的材料，如近三年广告宣传和促销活动的方式、地域范围、宣传媒体的种类以及广告投放量等材料。

（四）证明该商标曾在中国或者其他国家和地区作为驰名商标受保护的材料。

（五）证明该商标驰名的其他证据材料，如使用该商标的主要商品在近三年的销售收入、市场占有率、净利润、纳税额、销售区域等材料。

前款所称"三年"、"五年"，是指被提出异议的商标注册申请日期、被提出无效宣告请求的商标注册申请日期之前的三年、五年，以及在查处商标违法案件中提出驰名商标保护请求日期之前的三年、五年。

第十条 当事人依照本规定第五条、第六条规定提出驰名商标保护请求的，商标局、商标评审委员会应当在商标法第三十五条、第三十七条、第四十五条规定的期限内及时作出处理。

第十一条 当事人依照本规定第七条规定请求工商行政管理部门查处商标违法行为的，工商行政管理部门应当对投诉材料予以核查，依照《工商行政管理机关行政处罚程序规定》的有关规定决定是否立案。决定立案的，工商行政管理部门应当对当事人提交的驰名商标保护请求及相关证据材料是否符合商标法第十三条、第十四条、实施条例第三条和本规定第九条规定进行初步核实和审查。经初步核查符合规定的，应当自立案之日起三十日内将驰名商标认定请示、案件材料副本一并报送上级工商行政管理部门。经审查不符合规定的，应当依照《工商行政管理机关行政处罚程序规定》的规定及时作出处理。

第十二条 省（自治区、直辖市）工商行政管理部门应当对本辖区内市（地、州）级工商行政管理部门报送的驰名商标认定相关材料是否符合商标法第十三条、第十四条、实施条例第三条和本规定第九条规定进行核实和审查。经核查符合规定的，应当自收到驰名商标认定相关材料之日起三十日内，将驰名商标认定请示、案件材料副本一并报送商标局。经审查不符合规定的，应当将有关材料退回原立案机关，由其依照《工商行政管理机关行政处罚程序规定》的规定及时作出处理。

第十三条 商标局、商标评审委员会在认定驰名商标时，应当综合考虑商标法第十四条第一款和本规定第九条所列各项因素，但不以满足全部因素为前提。

商标局、商标评审委员会在认定驰名商标时，需要地方工商行政管理部门核实有关情况的，相关地方工商行政管理部门应当予以协助。

第十四条 商标局经对省（自治区、直辖市）工商行政管理部门报送的驰名商标认定相关材料进行审查，认定构成驰名商标的，应当向报送请示的省（自治区、直辖市）工商行政管理部门作出批复。

立案的工商行政管理部门应当自商标局作出认定批复后六十日内依法予以处理，并将行政处罚决定书抄报所在省（自治区、直辖市）工商行政管理部门。省（自治区、直辖市）工商行政管理部门应当自收到抄报的行政处罚决定书之日起三十日内将案件处理情况及行政处罚决定书副本报送商标局。

第十五条　各级工商行政管理部门在商标注册和管理工作中应当加强对驰名商标的保护，维护权利人和消费者合法权益。商标违法行为涉嫌犯罪的，应当将案件及时移送司法机关。

第十六条　商标注册审查、商标争议处理和工商行政管理部门查处商标违法案件过程中，当事人依照商标法第十三条规定请求驰名商标保护时，可以提供该商标曾在我国作为驰名商标受保护的记录。

当事人请求驰名商标保护的范围与已被作为驰名商标予以保护的范围基本相同，且对方当事人对该商标驰名无异议，或者虽有异议，但异议理由和提供的证据明显不足以支持该异议的，商标局、商标评审委员会、商标违法案件立案部门可以根据该保护记录，结合相关证据，给予该商标驰名商标保护。

第十七条　在商标违法案件中，当事人通过弄虚作假或者提供虚假证据材料等不正当手段骗取驰名商标保护的，由商标局撤销对涉案商标已作出的认定，并通知报送驰名商标认定请示的省（自治区、直辖市）工商行政管理部门。

第十八条　地方工商行政管理部门违反本规定第十一条、第十二条规定未履行对驰名商标认定相关材料进行核实和审查职责，或者违反本规定第十三条第二款规定未予以协助或者未履行核实职责，或者违反本规定第十四条第二款规定逾期未对商标违法案件作出处理或者逾期未报送处理情况的，由上一级工商行政管理部门予以通报，并责令其整改。

第十九条　各级工商行政管理部门应当建立健全驰名商标认定工作监督检查制度。

第二十条　参与驰名商标认定与保护相关工作的人员，玩忽职守、滥用职权、徇私舞弊，违法办理驰名商标认定有关事项，收受当事人财物，牟取不正当利益的，依照有关规定予以处理。

第二十一条　本规定自公布之日起 30 日后施行。2003 年 4 月 17 日国家工商行政管理总局公布的《驰名商标认定和保护规定》同时废止。

最高人民法院关于审理涉及驰名商标保护的民事纠纷案件应用法律若干问题的解释

（2009 年 4 月 22 日最高人民法院审判委员会第 1467 次会议通过　根据 2020 年 12 月 23 日最高人民法院审判委员会第 1823 次会议通过的《最高人民法院关于修改〈最高人民法院关于审理侵犯专利权纠纷案件应用法律若干问题的解释（二）〉等十八件知识产权类司法解释的决定》修正　2020 年 12 月 29 日最高人民法院公告公布　自 2021 年 1 月 1 日起施行　法释〔2020〕19 号）

为在审理侵犯商标权等民事纠纷案件中依法保护驰名商标，根据《中华人民共和国商标法》《中华人民共和国反不正当竞争法》《中华人民共和国民事诉讼法》等有关法律规定，结合审判实际，制定本解释。

第一条　本解释所称驰名商标，是指在中国境内为相关公众所熟知的商标。

第二条　在下列民事纠纷案件中，当事人以商标驰名作为事实根据，人民法院根据案件具体情况，认为确有必要的，对所涉商标是否驰名作出认定：

（一）以违反商标法第十三条的规定为由，提起的侵犯商标权诉讼；

（二）以企业名称与其驰名商标相同或者近似为由，提起的侵犯商标权或者不正当竞争诉讼；

（三）符合本解释第六条规定的抗辩或者反诉的诉讼。

第三条 在下列民事纠纷案件中，人民法院对于所涉商标是否驰名不予审查：

（一）被诉侵犯商标权或者不正当竞争行为的成立不以商标驰名为事实根据的；

（二）被诉侵犯商标权或者不正当竞争行为因不具备法律规定的其他要件而不成立的。

原告以被告注册、使用的域名与其注册商标相同或者近似，并通过该域名进行相关商品交易的电子商务，足以造成相关公众误认为由，提起的侵权诉讼，按照前款第（一）项的规定处理。

第四条 人民法院认定商标是否驰名，应当以证明其驰名的事实为依据，综合考虑商标法第十四条第一款规定的各项因素，但是根据案件具体情况无需考虑该条规定的全部因素即足以认定商标驰名的情形除外。

第五条 当事人主张商标驰名的，应当根据案件具体情况，提供下列证据，证明被诉侵犯商标权或者不正当竞争行为发生时，其商标已属驰名：

（一）使用该商标的商品的市场份额、销售区域、利税等；

（二）该商标的持续使用时间；

（三）该商标的宣传或者促销活动的方式、持续时间、程度、资金投入和地域范围；

（四）该商标曾被作为驰名商标受保护的记录；

（五）该商标享有的市场声誉；

（六）证明该商标已属驰名的其他事实。

前款所涉及的商标使用的时间、范围、方式等，包括其核准注册前持续使用的情形。

对于商标使用时间长短、行业排名、市场调查报告、市场价值评估报告、是否曾被认定为著名商标等证据，人民法院应当结合认定商标驰名的其他证据，客观、全面地进行审查。

第六条 原告以被诉商标的使用侵犯其注册商标专用权为由提起民事诉讼，被告以原告的注册商标复制、摹仿或者翻译其在先未注册驰名商标为由提出抗辩或者提起反诉的，应当对其在先未注册商标驰名的事实负举证责任。

第七条 被诉侵犯商标权或者不正当竞争行为发生前，曾被人民法院或者行政管理部门认定驰名的商标，被告对该商标驰名的事实不持异议的，人民法院应当予以认定。被告提出异议的，原告仍应当对该商标驰名的事实负举证责任。

除本解释另有规定外，人民法院对于商标驰名的事实，不适用民事诉讼证据的自认规则。

第八条 对于在中国境内为社会公众所熟知的商标，原告已提供其商标驰名的基本证据，或者被告不持异议的，人民法院对该商标驰名的事实予以认定。

第九条 足以使相关公众对使用驰名商标和被诉商标的商品来源产生误认，或者足以使相关公众认为使用驰名商标和被诉商标的经营者之间具有许可使用、关联企业关系等特定联系的，属于商标法第十三条第二款规定的"容易导致混淆"。

足以使相关公众认为被诉商标与驰名商标具有相当程度的联系，而减弱驰名商标的显著性、贬损驰名商标的市场声誉，或者不正当利用驰名商标的市场声誉的，属于商标法第十三条第三款规定的"误导公众，致使该驰名商标注册人的利益可能受到损害"。

第十条 原告请求禁止被告在不相类似商品上使用与原告驰名的注册商标相同或者近似的商标或者企业名称的，人民法院应当根据案件具体情况，综合考虑以下因素后作出裁判：

（一）该驰名商标的显著程度；

（二）该驰名商标在使用被诉商标或者企业名称的商品的相关公众中的知晓程度；

（三）使用驰名商标的商品与使用被诉商标或者企业名称的商品之间的关联程度；

（四）其他相关因素。

第十一条 被告使用的注册商标违反商标法第十三条的规定，复制、摹仿或者翻译原告驰名商标，构成侵犯商标权的，人民法院应当根据原告的请求，依法判决禁止被告使用该商标，但被告的注册商标有下列情形之一的，人民法院对原告的请求不予支持：

（一）已经超过商标法第四十五条第一款规定的请求宣告无效期限的；

（二）被告提出注册申请时，原告的商标并不驰名的。

第十二条 当事人请求保护的未注册驰名商标，属于商标法第十条、第十一条、第十二条规定不得作为商标使用或者注册情形的，人民法院不予支持。

第十三条 在涉及驰名商标保护的民事纠纷案件中，人民法院对于商标驰名的认定，仅作为案件事实和判决理由，不写入判决主文；以调解方式审结的，在调解书中对商标驰名的事实不予认定。

第十四条 本院以前有关司法解释与本解释不一致的，以本解释为准。

四、商标与相关标识

特殊标志管理条例

(1996 年 7 月 13 日中华人民共和国国务院令第 202 号公布 自公布之日起施行)

第一章 总 则

第一条 为了加强对特殊标志的管理,推动文化、体育、科学研究及其他社会公益活动的发展,保护特殊标志所有人、使用人和消费者的合法权益,制定本条例。

第二条 本条例所称特殊标志,是指经国务院批准举办的全国性和国际性的文化、体育、科学研究及其他社会公益活动所使用的,由文字、图形组成的名称及缩写、会徽、吉祥物等标志。

第三条 经国务院工商行政管理部门核准登记的特殊标志,受本条例保护。

第四条 含有下列内容的文字、图形组成的特殊标志,不予登记:

(一)有损于国家或者国际组织的尊严或者形象的;

(二)有害于社会善良习俗和公共秩序的;

(三)带有民族歧视性,不利于民族团结的;

(四)缺乏显著性,不便于识别的;

(五)法律、行政法规禁止的其他内容。

第五条　特殊标志所有人使用或者许可他人使用特殊标志所募集的资金，必须用于特殊标志所服务的社会公益事业，并接受国务院财政部门、审计部门的监督。

第二章　特殊标志的登记

第六条　举办社会公益活动的组织者或者筹备者对其使用的名称、会徽、吉祥物等特殊标志，需要保护的，应当向国务院工商行政管理部门提出登记申请。

登记申请可以直接办理，也可以委托他人代理。

第七条　申请特殊标志登记，应当填写特殊标志登记申请书并提交下列文件：

（一）国务院批准举办该社会公益活动的文件；

（二）准许他人使用特殊标志的条件及管理办法；

（三）特殊标志图样 5 份，黑白墨稿 1 份。图样应当清晰，便于粘贴，用光洁耐用的纸张印制或者用照片代替，长和宽不大于 10 厘米、不小于 5 厘米；

（四）委托他人代理的，应当附代理人委托书，注明委托事项和权限；

（五）国务院工商行政管理部门认为应当提交的其他文件。

第八条　国务院工商行政管理部门收到申请后，按照以下规定处理：

（一）符合本条例有关规定，申请文件齐备无误的，自收到申请之日起 15 日内，发给特殊标志登记申请受理通知书，并在发出通知之日起 2 个月内，将特殊标志有关事项、图样和核准使用的商品和服务项目，在特殊标志登记簿上登记，发给特殊标志登记证书。

特殊标志经核准登记后，由国务院工商行政管理部门公告。

（二）申请文件不齐备或者有误的，自收到申请之日起 10 日内发给特殊标志登记申请补正通知书，并限其自收到通知之日起 15 日内予以补正；期满不补正或者补正仍不符合规定的，发给特殊标志登记申请不予受理通知书。

（三）违反本条例第四条规定的，自收到申请之日起 15 日内发给特殊标志登记申请驳回通知书。申请人对驳回通知不服的，可以自收到驳回通知之日起 15 日内，向国务院工商行政管理部门申请复议。

前款所列各类通知书，由国务院工商行政管理部门送达申请人或者其代理人。因故不能直接送交的，以国务院工商行政管理部门公告或者邮寄之日起的 20 日为送达日期。

第九条　特殊标志有效期为 4 年，自核准登记之日起计算。

特殊标志所有人可以在有效期满前 3 个月内提出延期申请，延长的期限由国务院工商行政管理部门根据实际情况和需要决定。

特殊标志所有人变更地址，应当自变更之日起 1 个月内报国务院工商行政管理部门备案。

第十条　已获准登记的特殊标志有下列情形之一的，任何单位和个人可以在特殊标志公告刊登之日至其有效期满的期间，向国务院工商行政管理部门申明理由并提供相应证据，请求宣告特殊标志登记无效：

（一）同已在先申请的特殊标志相同或者近似的；

（二）同已在先申请注册的商标或者已获得注册的商标相同或者近似的；

（三）同已在先申请外观设计专利或者已依法取得专利权的外观设计专利相同或者近似的；

（四）侵犯他人著作权的。

第十一条　国务院工商行政管理部门自收到特殊标志登记无效申请之日起 10 日内，通知被申请人并限其自收到通知之日起 15 日内作出答辩。

被申请人拒绝答辩或者无正当理由超过答辩期限的，视为放弃答辩的权利。

第十二条　国务院工商行政管理部门自收到特殊标志登记无效申请之日起 3 个月内作出裁定，并通知当事人；当事人对裁定不服的，可以自收到通知之日起 15 日内，向国务院工商行政管理部门申请复议。

第三章　特殊标志的使用与保护

第十三条　特殊标志所有人可以在与其公益活动相关的广告、纪念品及其他物品上使用该标志，并许可他人在国务院工商行政管理部门核准使用该标志的商品或者服务项目上使用。

第十四条　特殊标志的使用人应当是依法成立的企业、事业单位、社会团体、个体工商户。

特殊标志使用人应当同所有人签订书面使用合同。

特殊标志使用人应当自合同签订之日起 1 个月内，将合同副本报国务院工商行政管理部门备案，并报使用人所在地县级以上人民政府工商行政管理部门存查。

第十五条　特殊标志所有人或者使用人有下列行为之一的，由其所在地或者行为发生地县级以上人民政府工商行政管理部门责令改正，可以处 5 万元以下的罚款；情节严重的，由县级以上人民政府工商行政管理部门责令使用人停止使用该特殊标志，由国务院工商行政管理部门撤销所有人的特殊标志登记：

（一）擅自改变特殊标志文字、图形的；

（二）许可他人使用特殊标志，未签订使用合同，或者使用人在规定期限内未报国务院工商行政管理部门备案或者未报所在地县级以上人民政府工商行政管理机关存查的；

（三）超出核准登记的商品或者服务范围使用的。

第十六条　有下列行为之一的，由县级以上人民政府工商行政管理部门责令侵权人立即停止侵权行为，没收侵权商品，没收违法所得，并处违法所得 5 倍以下的罚款，没有违法所得的，处 1 万元以下的罚款：

（一）擅自使用与所有人的特殊标志相同或者近似的文字、图形或者其组合的；

（二）未经特殊标志所有人许可，擅自制造、销售其特殊标志或者将其特殊标志用于商业活动的；

（三）有给特殊标志所有人造成经济损失的其他行为的。

第十七条　特殊标志所有人或者使用人发现特殊标志所有权或者使用权被侵害时，可以向侵权人所在地或者侵权行为发生地县级以上人民政府工商行政管理部门投诉；也可以直接向人民法院起诉。

工商行政管理部门受理特殊标志侵权案件投诉的，应当依特殊标志所有人的请求，就侵权的民事赔偿主持调解；调解不成的，特殊标志所有人可以向人民法院起诉。

第十八条　工商行政管理部门受理特殊标志侵权案件，在调查取证时，可以行使下列职权，有关当事人应当予以协助，不得拒绝：

（一）询问有关当事人；

（二）检查与侵权活动有关的物品；

（三）调查与侵权活动有关的行为；

（四）查阅、复制与侵权活动有关的合同、账册等业务资料。

第四章　附　　则

第十九条　特殊标志申请费、公告费、登记费的收费标准，由国务院财政部门、物价部门会同国务院工商行政管理部门制定。

第二十条　申请特殊标志登记有关文书格式由国务院工商行政管理部门制定。

第二十一条　经国务院批准代表中国参加国际性文化、体育、科学研究等活动的组织所使用的名称、徽记、吉祥物等标志的保护，参照本条例的规定施行。

第二十二条　本条例自发布之日起施行。

地理标志产品保护规定

（2005年6月7日国家质量监督检验检疫总局令第78号公布　自2005年7月15日起施行）

第一章　总　　则

第一条　为了有效保护我国的地理标志产品，规范地理标志产品名称和专用标志的使用，保证地理标志产品的质量和特色，根据《中华人民共和国产品质量法》、《中华人民共和国标准化法》、《中华人民共和国进出口商品检验法》等有关规定，制定本规定。

第二条　本规定所称地理标志产品，是指产自特定地域，所具有的质量、声誉或其他特性本质上取决于该产地的自然因素和人文因素，经审核批准以地理名称进行命名的产品。地理标志产品包括：

（一）来自本地区的种植、养殖产品。

（二）原材料全部来自本地区或部分来自其他地区，并在本地区按照特定工艺生产和加工的产品。

第三条　本规定适用于对地理标志产品的申请受理、审核批准、地理标志专用标志注册登记和监督管理工作。

第四条　国家质量监督检验检疫总局（以下简称"国家质检总局"）统一管理全国的地理标志产品保护工作。各地出入境检验检疫局和质量技术监督局（以下简称各地质检机构）依照职能开展地理标志产品保护工作。

第五条　申请地理标志产品保护，应依照本规定经审核批准。

使用地理标志产品专用标志，必须依照本规定经注册登记，并接受监督管理。

第六条 地理标志产品保护遵循申请自愿，受理及批准公开的原则。

第七条 申请地理标志保护的产品应当符合安全、卫生、环保的要求，对环境、生态、资源可能产生危害的产品，不予受理和保护。

第二章 申请及受理

第八条 地理标志产品保护申请，由当地县级以上人民政府指定的地理标志产品保护申请机构或人民政府认定的协会和企业（以下简称申请人）提出，并征求相关部门意见。

第九条 申请保护的产品在县域范围内的，由县级人民政府提出产地范围的建议；跨县域范围的，由地市级人民政府提出产地范围的建议；跨地市范围的，由省级人民政府提出产地范围的建议。

第十条 申请人应提交以下资料：

（一）有关地方政府关于划定地理标志产品产地范围的建议。

（二）有关地方政府成立申请机构或认定协会、企业作为申请人的文件。

（三）地理标志产品的证明材料，包括：

1. 地理标志产品保护申请书；

2. 产品名称、类别、产地范围及地理特征的说明；

3. 产品的理化、感官等质量特色及其与产地的自然因素和人文因素之间关系的说明；

4. 产品生产技术规范（包括产品加工工艺、安全卫生要求、加工设备的技术要求等）；

5. 产品的知名度，产品生产、销售情况及历史渊源的说明；

（四）拟申请的地理标志产品的技术标准。

第十一条 出口企业的地理标志产品的保护申请向本辖区内出入境检验检疫部门提出；按地域提出的地理标志产品的保护申请和其他地理标志产品的保护申请向当地（县级或县级以上）质量技术监督部门提出。

第十二条 省级质量技术监督局和直属出入境检验检疫局，按照分工，分别负责对拟申报的地理标志产品的保护申请提出初审意见，并将相关文件、资料上报国家质检总局。

第三章　审核及批准

第十三条 国家质检总局对收到的申请进行形式审查。审查合格的，由国家质检总局在国家质检总局公报、政府网站等媒体上向社会发布受理公告；审查不合格的，应书面告知申请人。

第十四条 有关单位和个人对申请有异议的，可在公告后的 2 个月内向国家质检总局提出。

第十五条 国家质检总局按照地理标志产品的特点设立相应的专家审查委员会，负责地理标志产品保护申请的技术审查工作。

第十六条 国家质检总局组织专家审查委员会对没有异议或者有异议但被驳回的申请进行技术审查，审查合格的，由国家质检总局发布批准该产品获得地理标志产品保护的公告。

第四章　标准制订及专用标志使用

第十七条 拟保护的地理标志产品，应根据产品的类别、范围、知名度、产品的生产销售等方面的因素，分别制订相应的国家标准、地方标准或管理规范。

第十八条 国家标准化行政主管部门组织草拟并发布地理标志

保护产品的国家标准；省级地方人民政府标准化行政主管部门组织草拟并发布地理标志保护产品的地方标准。

第十九条 地理标志保护产品的质量检验由省级质量技术监督部门、直属出入境检验检疫部门指定的检验机构承担。必要时，国家质检总局将组织予以复检。

第二十条 地理标志产品产地范围内的生产者使用地理标志产品专用标志，应向当地质量技术监督局或出入境检验检疫局提出申请，并提交以下资料：

（一）地理标志产品专用标志使用申请书。

（二）由当地政府主管部门出具的产品产自特定地域的证明。

（三）有关产品质量检验机构出具的检验报告。

上述申请经省级质量技术监督局或直属出入境检验检疫局审核，并经国家质检总局审查合格注册登记后，发布公告，生产者即可在其产品上使用地理标志产品专用标志，获得地理标志产品保护。

第五章　保护和监督

第二十一条 各地质检机构依法对地理标志保护产品实施保护。对于擅自使用或伪造地理标志名称及专用标志的；不符合地理标志产品标准和管理规范要求而使用该地理标志产品的名称的；或者使用与专用标志相近、易产生误解的名称或标识及可能误导消费者的文字或图案标志，使消费者将该产品误认为地理标志保护产品的行为，质量技术监督部门和出入境检验检疫部门将依法进行查处。社会团体、企业和个人可监督、举报。

第二十二条 各地质检机构对地理标志产品的产地范围，产品名称，原材料，生产技术工艺，质量特色，质量等级、数量、包装、标识，产品专用标志的印刷、发放、数量、使用情况，产品生产环境、生产设备，产品的标准符合性等方面进行日常监督管理。

第二十三条　获准使用地理标志产品专用标志资格的生产者，未按相应标准和管理规范组织生产的，或者在 2 年内未在受保护的地理标志产品上使用专用标志的，国家质检总局将注销其地理标志产品专用标志使用注册登记，停止其使用地理标志产品专用标志并对外公告。

第二十四条　违反本规定的，由质量技术监督行政部门和出入境检验检疫部门依据《中华人民共和国产品质量法》、《中华人民共和国标准化法》、《中华人民共和国进出口商品检验法》等有关法律予以行政处罚。

第二十五条　从事地理标志产品保护工作的人员应忠于职守，秉公办事，不得滥用职权、以权谋私，不得泄露技术秘密。违反以上规定的，予以行政纪律处分；构成犯罪的依法追究刑事责任。

第六章　附　　则

第二十六条　国家质检总局接受国外地理标志产品在中华人民共和国的注册并实施保护。具体办法另外规定。

第二十七条　本规定由国家质检总局负责解释。

第二十八条　本规定自 2005 年 7 月 15 日起施行。原国家质量技术监督局公布的《原产地域产品保护规定》同时废止。原国家出入境检验检疫局公布的《原产地标记管理规定》、《原产地标记管理规定实施办法》中关于地理标志的内容与本规定不一致的，以本规定为准。

五、商标侵权纠纷

最高人民法院关于审理商标授权确权行政案件若干问题的规定

(2016 年 12 月 12 日最高人民法院审判委员会第 1703 次会议通过 根据 2020 年 12 月 23 日最高人民法院审判委员会第 1823 次会议通过的《最高人民法院关于修改〈最高人民法院关于审理侵犯专利权纠纷案件应用法律若干问题的解释(二)〉等十八件知识产权类司法解释的决定》修正 2020 年 12 月 29 日最高人民法院公告公布 自 2021 年 1 月 1 日起施行 法释〔2020〕19 号)

为正确审理商标授权确权行政案件,根据《中华人民共和国商标法》《中华人民共和国行政诉讼法》等法律规定,结合审判实践,制定本规定。

第一条 本规定所称商标授权确权行政案件,是指相对人或者利害关系人因不服国家知识产权局作出的商标驳回复审、商标不予注册复审、商标撤销复审、商标无效宣告及无效宣告复审等行政行为,向人民法院提起诉讼的案件。

第二条 人民法院对商标授权确权行政行为进行审查的范围,一般应根据原告的诉讼请求及理由确定。原告在诉讼中未提出主张,但国家知识产权局相关认定存在明显不当的,人民法院在各方当事人陈述意见后,可以对相关事由进行审查并作出裁判。

第三条　商标法第十条第一款第（一）项规定的同中华人民共和国的国家名称等"相同或者近似"，是指商标标志整体上与国家名称等相同或者近似。

　　对于含有中华人民共和国的国家名称等，但整体上并不相同或者不相近似的标志，如果该标志作为商标注册可能导致损害国家尊严的，人民法院可以认定属于商标法第十条第一款第（八）项规定的情形。

　　第四条　商标标志或者其构成要素带有欺骗性，容易使公众对商品的质量等特点或者产地产生误认，国家知识产权局认定其属于2001年修正的商标法第十条第一款第（七）项规定情形的，人民法院予以支持。

　　第五条　商标标志或者其构成要素可能对我国社会公共利益和公共秩序产生消极、负面影响的，人民法院可以认定其属于商标法第十条第一款第（八）项规定的"其他不良影响"。

　　将政治、经济、文化、宗教、民族等领域公众人物姓名等申请注册为商标，属于前款所指的"其他不良影响"。

　　第六条　商标标志由县级以上行政区划的地名或者公众知晓的外国地名和其他要素组成，如果整体上具有区别于地名的含义，人民法院应当认定其不属于商标法第十条第二款所指情形。

　　第七条　人民法院审查诉争商标是否具有显著特征，应当根据商标所指定使用商品的相关公众的通常认识，判断该商标整体上是否具有显著特征。商标标志中含有描述性要素，但不影响其整体具有显著特征的；或者描述性标志以独特方式加以表现，相关公众能够以其识别商品来源的，应当认定其具有显著特征。

　　第八条　诉争商标为外文标志时，人民法院应当根据中国境内相关公众的通常认识，对该外文商标是否具有显著特征进行审查判断。标志中外文的固有含义可能影响其在指定使用商品上的显著特征，但相关公众对该固有含义的认知程度较低，能够以该标志识别商品来源的，可以认定其具有显著特征。

第九条 仅以商品自身形状或者自身形状的一部分作为三维标志申请注册商标，相关公众一般情况下不易将其识别为指示商品来源标志的，该三维标志不具有作为商标的显著特征。

该形状系申请人所独创或者最早使用并不能当然导致其具有作为商标的显著特征。

第一款所称标志经过长期或者广泛使用，相关公众能够通过该标志识别商品来源的，可以认定该标志具有显著特征。

第十条 诉争商标属于法定的商品名称或者约定俗成的商品名称的，人民法院应当认定其属于商标法第十一条第一款第（一）项所指的通用名称。依据法律规定或者国家标准、行业标准属于商品通用名称的，应当认定为通用名称。相关公众普遍认为某一名称能够指代一类商品的，应当认定为约定俗成的通用名称。被专业工具书、辞典等列为商品名称的，可以作为认定约定俗成的通用名称的参考。

约定俗成的通用名称一般以全国范围内相关公众的通常认识为判断标准。对于由于历史传统、风土人情、地理环境等原因形成的相关市场固定的商品，在该相关市场内通用的称谓，人民法院可以认定为通用名称。

诉争商标申请人明知或者应知其申请注册的商标为部分区域内约定俗成的商品名称的，人民法院可以视其申请注册的商标为通用名称。

人民法院审查判断诉争商标是否属于通用名称，一般以商标申请日时的事实状态为准。核准注册时事实状态发生变化的，以核准注册时的事实状态判断其是否属于通用名称。

第十一条 商标标志只是或者主要是描述、说明所使用商品的质量、主要原料、功能、用途、重量、数量、产地等的，人民法院应当认定其属于商标法第十一条第一款第（二）项规定的情形。商标标志或者其构成要素暗示商品的特点，但不影响其识别商品来源功能的，不属于该项所规定的情形。

第十二条 当事人依据商标法第十三条第二款主张诉争商标构

成对其未注册的驰名商标的复制、摹仿或者翻译而不应予以注册或者应予无效的，人民法院应当综合考量如下因素以及因素之间的相互影响，认定是否容易导致混淆：

（一）商标标志的近似程度；

（二）商品的类似程度；

（三）请求保护商标的显著性和知名程度；

（四）相关公众的注意程度；

（五）其他相关因素。

商标申请人的主观意图以及实际混淆的证据可以作为判断混淆可能性的参考因素。

第十三条 当事人依据商标法第十三条第三款主张诉争商标构成对其已注册的驰名商标的复制、摹仿或者翻译而不应予以注册或者应予无效的，人民法院应当综合考虑如下因素，以认定诉争商标的使用是否足以使相关公众认为其与驰名商标具有相当程度的联系，从而误导公众，致使驰名商标注册人的利益可能受到损害：

（一）引证商标的显著性和知名程度；

（二）商标标志是否足够近似；

（三）指定使用的商品情况；

（四）相关公众的重合程度及注意程度；

（五）与引证商标近似的标志被其他市场主体合法使用的情况或者其他相关因素。

第十四条 当事人主张诉争商标构成对其已注册的驰名商标的复制、摹仿或者翻译而不应予以注册或者应予无效，国家知识产权局依据商标法第三十条规定裁决支持其主张的，如果诉争商标注册未满五年，人民法院在当事人陈述意见之后，可以按照商标法第三十条规定进行审理；如果诉争商标注册已满五年，应当适用商标法第十三条第三款进行审理。

第十五条 商标代理人、代表人或者经销、代理等销售代理关系意义上的代理人、代表人未经授权，以自己的名义将与被代理人或者被代表人的商标相同或者近似的商标在相同或者类似商品上申请注册的，人民法院适用商标法第十五条第一款的规定进行审理。

在为建立代理或者代表关系的磋商阶段，前款规定的代理人或者代表人将被代理人或者被代表人的商标申请注册的，人民法院适用商标法第十五条第一款的规定进行审理。

商标申请人与代理人或者代表人之间存在亲属关系等特定身份关系的，可以推定其商标注册行为系与该代理人或者代表人恶意串通，人民法院适用商标法第十五条第一款的规定进行审理。

第十六条 以下情形可以认定为商标法第十五条第二款中规定的"其他关系"：

（一）商标申请人与在先使用人之间具有亲属关系；

（二）商标申请人与在先使用人之间具有劳动关系；

（三）商标申请人与在先使用人营业地址邻近；

（四）商标申请人与在先使用人曾就达成代理、代表关系进行过磋商，但未形成代理、代表关系；

（五）商标申请人与在先使用人曾就达成合同、业务往来关系进行过磋商，但未达成合同、业务往来关系。

第十七条 地理标志利害关系人依据商标法第十六条主张他人商标不应予以注册或者应予无效，如果诉争商标指定使用的商品与地理标志产品并非相同商品，而地理标志利害关系人能够证明诉争商标使用在该产品上仍然容易导致相关公众误认为该产品来源于该地区并因此具有特定的质量、信誉或者其他特征的，人民法院予以支持。

如果该地理标志已经注册为集体商标或者证明商标，集体商标或者证明商标的权利人或者利害关系人可选择依据该条或者另行依据商标法第十三条、第三十条等主张权利。

第十八条 商标法第三十二条规定的在先权利，包括当事人在诉争商标申请日之前享有的民事权利或者其他应予保护的合法权益。诉争商标核准注册时在先权利已不存在的，不影响诉争商标的注册。

第十九条　当事人主张诉争商标损害其在先著作权的，人民法院应当依照著作权法等相关规定，对所主张的客体是否构成作品、当事人是否为著作权人或者其他有权主张著作权的利害关系人以及诉争商标是否构成对著作权的侵害等进行审查。

　　商标标志构成受著作权法保护的作品的，当事人提供的涉及商标标志的设计底稿、原件、取得权利的合同、诉争商标申请日之前的著作权登记证书等，均可以作为证明著作权归属的初步证据。

　　商标公告、商标注册证等可以作为确定商标申请人为有权主张商标标志著作权的利害关系人的初步证据。

　　第二十条　当事人主张诉争商标损害其姓名权，如果相关公众认为该商标标志指代了该自然人，容易认为标记有该商标的商品系经过该自然人许可或者与该自然人存在特定联系的，人民法院应当认定该商标损害了该自然人的姓名权。

　　当事人以其笔名、艺名、译名等特定名称主张姓名权，该特定名称具有一定的知名度，与该自然人建立了稳定的对应关系，相关公众以其指代该自然人的，人民法院予以支持。

　　第二十一条　当事人主张的字号具有一定的市场知名度，他人未经许可申请注册与该字号相同或者近似的商标，容易导致相关公众对商品来源产生混淆，当事人以此主张构成在先权益的，人民法院予以支持。

　　当事人以具有一定市场知名度并已与企业建立稳定对应关系的企业名称的简称为依据提出主张的，适用前款规定。

　　第二十二条　当事人主张诉争商标损害角色形象著作权的，人民法院按照本规定第十九条进行审查。

　　对于著作权保护期限内的作品，如果作品名称、作品中的角色名称等具有较高知名度，将其作为商标使用在相关商品上容易导致相关公众误认为其经过权利人的许可或者与权利人存在特定联系，当事人以此主张构成在先权益的，人民法院予以支持。

　　第二十三条　在先使用人主张商标申请人以不正当手段抢先注

册其在先使用并有一定影响的商标的，如果在先使用商标已经有一定影响，而商标申请人明知或者应知该商标，即可推定其构成"以不正当手段抢先注册"。但商标申请人举证证明其没有利用在先使用商标商誉的恶意的除外。

在先使用人举证证明其在先商标有一定的持续使用时间、区域、销售量或者广告宣传的，人民法院可以认定为有一定影响。

在先使用人主张商标申请人在与其不相类似的商品上申请注册其在先使用并有一定影响的商标，违反商标法第三十二条规定的，人民法院不予支持。

第二十四条 以欺骗手段以外的其他方式扰乱商标注册秩序、损害公共利益、不正当占用公共资源或者谋取不正当利益的，人民法院可以认定其属于商标法第四十四条第一款规定的"其他不正当手段"。

第二十五条 人民法院判断诉争商标申请人是否"恶意注册"他人驰名商标，应综合考虑引证商标的知名度、诉争商标申请人申请诉争商标的理由以及使用诉争商标的具体情形来判断其主观意图。引证商标知名度高、诉争商标申请人没有正当理由的，人民法院可以推定其注册构成商标法第四十五条第一款所指的"恶意注册"。

第二十六条 商标权人自行使用、他人经许可使用以及其他不违背商标权人意志的使用，均可认定为商标法第四十九条第二款所称的使用。

实际使用的商标标志与核准注册的商标标志有细微差别，但未改变其显著特征的，可以视为注册商标的使用。

没有实际使用注册商标，仅有转让或者许可行为；或者仅是公布商标注册信息、声明享有注册商标专用权的，不认定为商标使用。

商标权人有真实使用商标的意图，并且有实际使用的必要准备，但因其他客观原因尚未实际使用注册商标的，人民法院可以认定其有正当理由。

第二十七条 当事人主张国家知识产权局下列情形属于行政诉

讼法第七十条第（三）项规定的"违反法定程序"的，人民法院予以支持：

（一）遗漏当事人提出的评审理由，对当事人权利产生实际影响的；

（二）评审程序中未告知合议组成员，经审查确有应当回避事由而未回避的；

（三）未通知适格当事人参加评审，该方当事人明确提出异议的；

（四）其他违反法定程序的情形。

第二十八条 人民法院审理商标授权确权行政案件的过程中，国家知识产权局对诉争商标予以驳回、不予核准注册或者予以无效宣告的事由不复存在的，人民法院可以依据新的事实撤销国家知识产权局相关裁决，并判令其根据变更后的事实重新作出裁决。

第二十九条 当事人依据在原行政行为之后新发现的证据，或者在原行政程序中因客观原因无法取得或在规定的期限内不能提供的证据，或者新的法律依据提出的评审申请，不属于以"相同的事实和理由"再次提出评审申请。

在商标驳回复审程序中，国家知识产权局以申请商标与引证商标不构成使用在同一种或者类似商品上的相同或者近似商标为由准予申请商标初步审定公告后，以下情形不视为"以相同的事实和理由"再次提出评审申请：

（一）引证商标所有人或者利害关系人依据该引证商标提出异议，国家知识产权局予以支持，被异议商标申请人申请复审的；

（二）引证商标所有人或者利害关系人在申请商标获准注册后依据该引证商标申请宣告其无效的。

第三十条 人民法院生效裁判对于相关事实和法律适用已作出明确认定，相对人或者利害关系人对于国家知识产权局依据该生效裁判重新作出的裁决提起诉讼的，人民法院依法裁定不予受理；已经受理的，裁定驳回起诉。

第三十一条　本规定自 2017 年 3 月 1 日起施行。人民法院依据 2001 年修正的商标法审理的商标授权确权行政案件可参照适用本规定。

最高人民法院关于商标法
修改决定施行后商标案件管辖和
法律适用问题的解释

（2014 年 2 月 10 日最高人民法院审判委员会第 1606 次会议通过　根据 2020 年 12 月 23 日最高人民法院审判委员会第 1823 次会议通过的《最高人民法院关于修改〈最高人民法院关于审理侵犯专利权纠纷案件应用法律若干问题的解释（二）〉等十八件知识产权类司法解释的决定》修正　2020 年 12 月 29 日最高人民法院公告公布　自 2021 年 1 月 1 日起施行　法释〔2020〕19 号）

为正确审理商标案件，根据 2013 年 8 月 30 日第十二届全国人民代表大会常务委员会第四次会议《关于修改〈中华人民共和国商标法〉的决定》和重新公布的《中华人民共和国商标法》《中华人民共和国民事诉讼法》和《中华人民共和国行政诉讼法》等法律的规定，就人民法院审理商标案件有关管辖和法律适用等问题，制定本解释。

第一条　人民法院受理以下商标案件：

1. 不服国家知识产权局作出的复审决定或者裁定的行政案件；

2. 不服国家知识产权局作出的有关商标的其他行政行为的案件；

3. 商标权权属纠纷案件；

4. 侵害商标权纠纷案件；

5. 确认不侵害商标权纠纷案件；

6. 商标权转让合同纠纷案件；

7. 商标使用许可合同纠纷案件；

8. 商标代理合同纠纷案件；

9. 申请诉前停止侵害注册商标专用权案件；

10. 申请停止侵害注册商标专用权损害责任案件；

11. 申请诉前财产保全案件；

12. 申请诉前证据保全案件；

13. 其他商标案件。

第二条 不服国家知识产权局作出的复审决定或者裁定的行政案件及国家知识产权局作出的有关商标的行政行为案件，由北京市有关中级人民法院管辖。

第三条 第一审商标民事案件，由中级以上人民法院及最高人民法院指定的基层人民法院管辖。

涉及对驰名商标保护的民事、行政案件，由省、自治区人民政府所在地市、计划单列市、直辖市辖区中级人民法院及最高人民法院指定的其他中级人民法院管辖。

第四条 在行政管理部门查处侵害商标权行为过程中，当事人就相关商标提起商标权权属或者侵害商标权民事诉讼的，人民法院应当受理。

第五条 对于在商标法修改决定施行前提出的商标注册及续展申请，国家知识产权局于决定施行后作出对该商标申请不予受理或者不予续展的决定，当事人提起行政诉讼的，人民法院审查时适用修改后的商标法。

对于在商标法修改决定施行前提出的商标异议申请，国家知识产权局于决定施行后作出对该异议不予受理的决定，当事人提起行政诉讼的，人民法院审查时适用修改前的商标法。

第六条 对于在商标法修改决定施行前当事人就尚未核准注册的商标申请复审，国家知识产权局于决定施行后作出复审决定或者裁定，当事人提起行政诉讼的，人民法院审查时适用修改后的商标法。

对于在商标法修改决定施行前受理的商标复审申请，国家知识产权局于决定施行后作出核准注册决定，当事人提起行政诉讼的，人民法院不予受理；国家知识产权局于决定施行后作出不予核准注册决定，当事人提起行政诉讼的，人民法院审查相关诉权和主体资格问题时，适用修改前的商标法。

第七条　对于在商标法修改决定施行前已经核准注册的商标，国家知识产权局于决定施行前受理、在决定施行后作出复审决定或者裁定，当事人提起行政诉讼的，人民法院审查相关程序问题适用修改后的商标法，审查实体问题适用修改前的商标法。

第八条　对于在商标法修改决定施行前受理的相关商标案件，国家知识产权局于决定施行后作出决定或者裁定，当事人提起行政诉讼的，人民法院认定该决定或者裁定是否符合商标法有关审查时限规定时，应当从修改决定施行之日起计算该审查时限。

第九条　除本解释另行规定外，商标法修改决定施行后人民法院受理的商标民事案件，涉及该决定施行前发生的行为的，适用修改前商标法的规定；涉及该决定施行前发生，持续到该决定施行后的行为的，适用修改后商标法的规定。

最高人民法院、最高人民检察院、公安部关于办理侵犯知识产权刑事案件适用法律若干问题的意见（节录）

（2011 年 1 月 10 日　法发〔2011〕3 号）

......

五、关于刑法第二百一十三条规定的"同一种商品"的认定问题
名称相同的商品以及名称不同但指同一事物的商品，可以认定为"同一种商品"。"名称"是指国家工商行政管理总局商标局在商标注册工作中对商品使用的名称，通常即《商标注册用商品和服务国际分类》中规定的商品名称。"名称不同但指同一事物的商品"是指在功能、用途、主要原料、消费对象、销售渠道等方面相同或者基本相同，相关公众一般认为是同一种事物的商品。

认定"同一种商品"，应当在权利人注册商标核定使用的商品和行为人实际生产销售的商品之间进行比较。

六、关于刑法第二百一十三条规定的"与其注册商标相同的商标"的认定问题

具有下列情形之一，可以认定为"与其注册商标相同的商标"：

（一）改变注册商标的字体、字母大小写或者文字横竖排列，与注册商标之间仅有细微差别的；

（二）改变注册商标的文字、字母、数字等之间的间距，不影响体现注册商标显著特征的；

（三）改变注册商标颜色的；

（四）其他与注册商标在视觉上基本无差别、足以对公众产生误导的商标。

七、关于尚未附着或者尚未全部附着假冒注册商标标识的侵权产品价值是否计入非法经营数额的问题

在计算制造、储存、运输和未销售的假冒注册商标侵权产品价值时，对于已经制作完成但尚未附着（含加贴）或者尚未全部附着（含加贴）假冒注册商标标识的产品，如果有确实、充分证据证明该产品将假冒他人注册商标，其价值计入非法经营数额。

八、关于销售假冒注册商标的商品犯罪案件中尚未销售或者部分销售情形的定罪量刑问题

销售明知是假冒注册商标的商品，具有下列情形之一的，依照刑法第二百一十四条的规定，以销售假冒注册商标的商品罪（未遂）定罪处罚：

（一）假冒注册商标的商品尚未销售，货值金额在十五万元以上的；

（二）假冒注册商标的商品部分销售，已销售金额不满五万元，但与尚未销售的假冒注册商标的商品的货值金额合计在十五万元以上的。

假冒注册商标的商品尚未销售，货值金额分别达到十五万元以上不满二十五万元、二十五万元以上的，分别依照刑法第二百一十四条规定的各法定刑幅度定罪处罚。

销售金额和未销售货值金额分别达到不同的法定刑幅度或者均达到同一法定刑幅度的，在处罚较重的法定刑或者同一法定刑幅度内酌情从重处罚。

九、关于销售他人非法制造的注册商标标识犯罪案件中尚未销售或者部分销售情形的定罪问题

销售他人伪造、擅自制造的注册商标标识，具有下列情形之一的，依照刑法第二百一十五条的规定，以销售非法制造的注册商标标识罪（未遂）定罪处罚：

（一）尚未销售他人伪造、擅自制造的注册商标标识数量在六万件以上的；

（二）尚未销售他人伪造、擅自制造的两种以上注册商标标识数量在三万件以上的；

（三）部分销售他人伪造、擅自制造的注册商标标识，已销售标识数量不满二万件，但与尚未销售标识数量合计在六万件以上的；

（四）部分销售他人伪造、擅自制造的两种以上注册商标标识，已销售标识数量不满一万件，但与尚未销售标识数量合计在三万件以上的。

……

十六、关于侵犯知识产权犯罪竞合的处理问题

行为人实施侵犯知识产权犯罪，同时构成生产、销售伪劣商品犯罪的，依照侵犯知识产权犯罪与生产、销售伪劣商品犯罪中处罚较重的规定定罪处罚。

最高人民法院关于审理注册商标、企业名称与在先权利冲突的民事纠纷案件若干问题的规定

（2008 年 2 月 18 日最高人民法院审判委员会第 1444 次会议通过　根据 2020 年 12 月 23 日最高人民法院审判委员会第 1823 次会议通过的《最高人民法院关于修改〈最高人民法院关于审理侵犯专利权纠纷案件应用法律若干问题的解释（二）〉等十八件知识产权类司法解释的决定》修正　2020 年 12 月 29 日最高人民法院公告公布　自 2021 年 1 月 1 日起施行　法释〔2020〕19 号）

为正确审理注册商标、企业名称与在先权利冲突的民事纠纷案件，根据《中华人民共和国民法典》《中华人民共和国商标法》《中华人民共和国反不正当竞争法》和《中华人民共和国民事诉讼法》等法律的规定，结合审判实践，制定本规定。

第一条　原告以他人注册商标使用的文字、图形等侵犯其著作权、外观设计专利权、企业名称权等在先权利为由提起诉讼，符合民事诉讼法第一百一十九条规定的，人民法院应当受理。

原告以他人使用在核定商品上的注册商标与其在先的注册商标相同或者近似为由提起诉讼的，人民法院应当根据民事诉讼法第一百二十四条第（三）项的规定，告知原告向有关行政主管机关申请解决。但原告以他人超出核定商品的范围或者以改变显著特征、拆分、组合等方式使用的注册商标，与其注册商标相同或者近似为由提起诉讼的，人民法院应当受理。

第二条　原告以他人企业名称与其在先的企业名称相同或者近

似，足以使相关公众对其商品的来源产生混淆，违反反不正当竞争法第六条第（二）项的规定为由提起诉讼，符合民事诉讼法第一百一十九条规定的，人民法院应当受理。

第三条　人民法院应当根据原告的诉讼请求和争议民事法律关系的性质，按照民事案件案由规定，确定注册商标或者企业名称与在先权利冲突的民事纠纷案件的案由，并适用相应的法律。

第四条　被诉企业名称侵犯注册商标专用权或者构成不正当竞争的，人民法院可以根据原告的诉讼请求和案件具体情况，确定被告承担停止使用、规范使用等民事责任。

最高人民法院、最高人民检察院关于办理侵犯知识产权刑事案件具体应用法律若干问题的解释（二）（节录）

（2007 年 4 月 4 日最高人民法院审判委员会第 1422 次会议、最高人民检察院第十届检察委员会第 75 次会议通过　2007 年 4 月 5 日最高人民法院、最高人民检察院公告公布　自 2007 年 4 月 5 日施行　法释〔2007〕6 号）

……

第三条　侵犯知识产权犯罪，符合刑法规定的缓刑条件的，依法适用缓刑。有下列情形之一的，一般不适用缓刑：

（一）因侵犯知识产权被刑事处罚或者行政处罚后，再次侵犯知识产权构成犯罪的；

（二）不具有悔罪表现的；

（三）拒不交出违法所得的；

（四）其他不宜适用缓刑的情形。

第四条 对于侵犯知识产权犯罪的，人民法院应当综合考虑犯罪的违法所得、非法经营数额、给权利人造成的损失、社会危害性等情节，依法判处罚金。罚金数额一般在违法所得的一倍以上五倍以下，或者按照非法经营数额的50%以上一倍以下确定。

第五条 被害人有证据证明的侵犯知识产权刑事案件，直接向人民法院起诉的，人民法院应当依法受理；严重危害社会秩序和国家利益的侵犯知识产权刑事案件，由人民检察院依法提起公诉。

第六条 单位实施刑法第二百一十三条至第二百一十九条规定的行为，按照《最高人民法院、最高人民检察院关于办理侵犯知识产权刑事案件具体应用法律若干问题的解释》和本解释规定的相应个人犯罪的定罪量刑标准定罪处罚。

第七条 以前发布的司法解释与本解释不一致的，以本解释为准。

最高人民法院、最高人民检察院关于办理侵犯知识产权刑事案件具体应用法律若干问题的解释（三）（节录）

（2020年8月31日最高人民法院审判委员会第1811次会议、2020年8月21日最高人民检察院第十三届检察委员会第四十八次会议通过 2020年9月12日最高人民法院、最高人民检察院公告公布 自2020年9月14日起施行 法释〔2020〕10号）

……

第七条 除特殊情况外，假冒注册商标的商品、非法制造的注册商标标识、侵犯著作权的复制品、主要用于制造假冒注册商标的商品、注册商标标识或者侵权复制品的材料和工具，应当依法予以没收和销毁。

上述物品需要作为民事、行政案件的证据使用的，经权利人申请，可以在民事、行政案件终结后或者采取取样、拍照等方式对证据固定后予以销毁。

第八条　具有下列情形之一的，可以酌情从重处罚，一般不适用缓刑：

（一）主要以侵犯知识产权为业的；

（二）因侵犯知识产权被行政处罚后再次侵犯知识产权构成犯罪的；

（三）在重大自然灾害、事故灾难、公共卫生事件期间，假冒抢险救灾、防疫物资等商品的注册商标的；

（四）拒不交出违法所得的。

第九条　具有下列情形之一的，可以酌情从轻处罚：

（一）认罪认罚的；

（二）取得权利人谅解的；

（三）具有悔罪表现的；

（四）以不正当手段获取权利人的商业秘密后尚未披露、使用或者允许他人使用的。

第十条　对于侵犯知识产权犯罪的，应当综合考虑犯罪违法所得数额、非法经营数额、给权利人造成的损失数额、侵权假冒物品数量及社会危害性等情节，依法判处罚金。

罚金数额一般在违法所得数额的一倍以上五倍以下确定。违法所得数额无法查清的，罚金数额一般按照非法经营数额的百分之五十以上一倍以下确定。违法所得数额和非法经营数额均无法查清，判处三年以下有期徒刑、拘役、管制或者单处罚金的，一般在三万元以上一百万元以下确定罚金数额；判处三年以上有期徒刑的，一般在十五万元以上五百万元以下确定罚金数额。

......

最高人民法院、最高人民检察院
关于办理侵犯知识产权刑事案件
具体应用法律若干问题的解释（节录）

（2004 年 11 月 2 日最高人民法院审判委员会第 1331 次会议、2004 年 11 月 11 日最高人民检察院第十届检察委员会第 28 次会议通过　2004 年 12 月 8 日最高人民法院、最高人民检察院公告公布　自 2004 年 12 月 22 日起施行　法释〔2004〕19 号）

……

第一条　未经注册商标所有人许可，在同一种商品上使用与其注册商标相同的商标，具有下列情形之一的，属于刑法第二百一十三条规定的"情节严重"，应当以假冒注册商标罪判处三年以下有期徒刑或者拘役，并处或者单处罚金：

（一）非法经营数额在五万元以上或者违法所得数额在三万元以上的；

（二）假冒两种以上注册商标，非法经营数额在三万元以上或者违法所得数额在二万元以上的；

（三）其他情节严重的情形。

具有下列情形之一的，属于刑法第二百一十三条规定的"情节特别严重"，应当以假冒注册商标罪判处三年以上七年以下有期徒刑，并处罚金：

（一）非法经营数额在二十五万元以上或者违法所得数额在十五万元以上的；

（二）假冒两种以上注册商标，非法经营数额在十五万元以上或者违法所得数额在十万元以上的；

（三）其他情节特别严重的情形。

第二条 销售明知是假冒注册商标的商品，销售金额在五万元以上的，属于刑法第二百一十四条规定的"数额较大"，应当以销售假冒注册商标的商品罪判处三年以下有期徒刑或者拘役，并处或者单处罚金。

销售金额在二十五万元以上的，属于刑法第二百一十四条规定的"数额巨大"，应当以销售假冒注册商标的商品罪判处三年以上七年以下有期徒刑，并处罚金。

第三条 伪造、擅自制造他人注册商标标识或者销售伪造、擅自制造的注册商标标识，具有下列情形之一的，属于刑法第二百一十五条规定的"情节严重"，应当以非法制造、销售非法制造的注册商标标识罪判处三年以下有期徒刑、拘役或者管制，并处或者单处罚金：

（一）伪造、擅自制造或者销售伪造、擅自制造的注册商标标识数量在二万件以上，或者非法经营数额在五万元以上，或者违法所得数额在三万元以上的；

（二）伪造、擅自制造或者销售伪造、擅自制造两种以上注册商标标识数量在一万件以上，或者非法经营数额在三万元以上，或者违法所得数额在二万元以上的；

（三）其他情节严重的情形。

具有下列情形之一的，属于刑法第二百一十五条规定的"情节特别严重"，应当以非法制造、销售非法制造的注册商标标识罪判处三年以上七年以下有期徒刑，并处罚金：

（一）伪造、擅自制造或者销售伪造、擅自制造的注册商标标识数量在十万件以上，或者非法经营数额在二十五万元以上，或者违法所得数额在十五万元以上的；

（二）伪造、擅自制造或者销售伪造、擅自制造两种以上注册商标标识数量在五万件以上，或者非法经营数额在十五万元以上，或者违法所得数额在十万元以上的；

（三）其他情节特别严重的情形。

……

第八条 刑法第二百一十三条规定的"相同的商标"，是指与被假冒的注册商标完全相同，或者与被假冒的注册商标在视觉上基本无差别、足以对公众产生误导的商标。

刑法第二百一十三条规定的"使用"，是指将注册商标或者假冒的注册商标用于商品、商品包装或者容器以及产品说明书、商品交易文书，或者将注册商标或者假冒的注册商标用于广告宣传、展览以及其他商业活动等行为。

第九条 刑法第二百一十四条规定的"销售金额"，是指销售假冒注册商标的商品后所得和应得的全部违法收入。

具有下列情形之一的，应当认定为属于刑法第二百一十四条规定的"明知"：

（一）知道自己销售的商品上的注册商标被涂改、调换或者覆盖的；

（二）因销售假冒注册商标的商品受到过行政处罚或者承担过民事责任、又销售同一种假冒注册商标的商品的；

（三）伪造、涂改商标注册人授权文件或者知道该文件被伪造、涂改的；

（四）其他知道或者应当知道是假冒注册商标的商品的情形。

……

第十二条 本解释所称"非法经营数额"，是指行为人在实施侵犯知识产权行为过程中，制造、储存、运输、销售侵权产品的价值。已销售的侵权产品的价值，按照实际销售的价格计算。制造、储存、运输和未销售的侵权产品的价值，按照标价或者已经查清的侵权产品的实际销售平均价格计算。侵权产品没有标价或者无法查清其实际销售价格的，按照被侵权产品的市场中间价格计算。

多次实施侵犯知识产权行为，未经行政处理或者刑事处罚的，非法经营数额、违法所得数额或者销售金额累计计算。

本解释第三条所规定的"件"，是指标有完整商标图样的一份标识。

第十三条　实施刑法第二百一十三条规定的假冒注册商标犯罪，又销售该假冒注册商标的商品，构成犯罪的，应当依照刑法第二百一十三条的规定，以假冒注册商标罪定罪处罚。

实施刑法第二百一十三条规定的假冒注册商标犯罪，又销售明知是他人的假冒注册商标的商品，构成犯罪的，应当实行数罪并罚。

……

第十五条　单位实施刑法第二百一十三条至第二百一十九条规定的行为，按照本解释规定的相应个人犯罪的定罪量刑标准的三倍定罪量刑。

第十六条　明知他人实施侵犯知识产权犯罪，而为其提供贷款、资金、账号、发票、证明、许可证件，或者提供生产、经营场所或者运输、储存、代理进出口等便利条件、帮助的，以侵犯知识产权犯罪的共犯论处。

……

最高人民法院关于审理商标民事纠纷案件适用法律若干问题的解释

（2002 年 10 月 12 日最高人民法院审判委员会第 1246 次会议通过　根据 2020 年 12 月 23 日最高人民法院审判委员会第 1823 次会议通过的《最高人民法院关于修改〈最高人民法院关于审理侵犯专利权纠纷案件应用法律若干问题的解释（二）〉等十八件知识产权类司法解释的决定》修正　2020 年 12 月 29 日最高人民法院公告公布　自 2021 年 1 月 1 日起施行　法释〔2020〕19 号）

为了正确审理商标纠纷案件，根据《中华人民共和国民法典》《中华人民共和国商标法》《中华人民共和国民事诉讼法》等法律的规定，就适用法律若干问题解释如下：

第一条　下列行为属于商标法第五十七条第（七）项规定的给他人注册商标专用权造成其他损害的行为：

（一）将与他人注册商标相同或者相近似的文字作为企业的字号在相同或者类似商品上突出使用，容易使相关公众产生误认的；

（二）复制、摹仿、翻译他人注册的驰名商标或其主要部分在不相同或者不相类似商品上作为商标使用，误导公众，致使该驰名商标注册人的利益可能受到损害的；

（三）将与他人注册商标相同或者相近似的文字注册为域名，并且通过该域名进行相关商品交易的电子商务，容易使相关公众产生误认的。

第二条　依据商标法第十三条第二款的规定，复制、摹仿、翻译他人未在中国注册的驰名商标或其主要部分，在相同或者类似商品上作为商标使用，容易导致混淆的，应当承担停止侵害的民事法律责任。

第三条　商标法第四十三条规定的商标使用许可包括以下三类：

（一）独占使用许可，是指商标注册人在约定的期间、地域和以约定的方式，将该注册商标仅许可一个被许可人使用，商标注册人依约定不得使用该注册商标；

（二）排他使用许可，是指商标注册人在约定的期间、地域和以约定的方式，将该注册商标仅许可一个被许可人使用，商标注册人依约定可以使用该注册商标但不得另行许可他人使用该注册商标；

（三）普通使用许可，是指商标注册人在约定的期间、地域和以约定的方式，许可他人使用其注册商标，并可自行使用该注册商标和许可他人使用其注册商标。

第四条　商标法第六十条第一款规定的利害关系人，包括注册商标使用许可合同的被许可人、注册商标财产权利的合法继承人等。

在发生注册商标专用权被侵害时，独占使用许可合同的被许可人可以向人民法院提起诉讼；排他使用许可合同的被许可人可以和商标注册人共同起诉，也可以在商标注册人不起诉的情况下，自行提起诉讼；普通使用许可合同的被许可人经商标注册人明确授权，可以提起诉讼。

第五条 商标注册人或者利害关系人在注册商标续展宽展期内提出续展申请，未获核准前，以他人侵犯其注册商标专用权提起诉讼的，人民法院应当受理。

第六条 因侵犯注册商标专用权行为提起的民事诉讼，由商标法第十三条、第五十七条所规定侵权行为的实施地、侵权商品的储藏地或者查封扣押地、被告住所地人民法院管辖。

前款规定的侵权商品的储藏地，是指大量或者经常性储存、隐匿侵权商品所在地；查封扣押地，是指海关等行政机关依法查封、扣押侵权商品所在地。

第七条 对涉及不同侵权行为实施地的多个被告提起的共同诉讼，原告可以选择其中一个被告的侵权行为实施地人民法院管辖；仅对其中某一被告提起的诉讼，该被告侵权行为实施地的人民法院有管辖权。

第八条 商标法所称相关公众，是指与商标所标识的某类商品或者服务有关的消费者和与前述商品或者服务的营销有密切关系的其他经营者。

第九条 商标法第五十七条第（一）（二）项规定的商标相同，是指被控侵权的商标与原告的注册商标相比较，二者在视觉上基本无差别。

商标法第五十七条第（二）项规定的商标近似，是指被控侵权的商标与原告的注册商标相比较，其文字的字形、读音、含义或者图形的构图及颜色，或者其各要素组合后的整体结构相似，或者其立体形状、颜色组合近似，易使相关公众对商品的来源产生误认或者认为其来源与原告注册商标的商品有特定的联系。

第十条　人民法院依据商标法第五十七条第（一）（二）项的规定，认定商标相同或者近似按照以下原则进行：

（一）以相关公众的一般注意力为标准；

（二）既要进行对商标的整体比对，又要进行对商标主要部分的比对，比对应当在比对对象隔离的状态下分别进行；

（三）判断商标是否近似，应当考虑请求保护注册商标的显著性和知名度。

第十一条　商标法第五十七条第（二）项规定的类似商品，是指在功能、用途、生产部门、销售渠道、消费对象等方面相同，或者相关公众一般认为其存在特定联系、容易造成混淆的商品。

类似服务，是指在服务的目的、内容、方式、对象等方面相同，或者相关公众一般认为存在特定联系、容易造成混淆的服务。

商品与服务类似，是指商品和服务之间存在特定联系，容易使相关公众混淆。

第十二条　人民法院依据商标法第五十七条第（二）项的规定，认定商品或者服务是否类似，应当以相关公众对商品或者服务的一般认识综合判断；《商标注册用商品和服务国际分类表》《类似商品和服务区分表》可以作为判断类似商品或者服务的参考。

第十三条　人民法院依据商标法第六十三条第一款的规定确定侵权人的赔偿责任时，可以根据权利人选择的计算方法计算赔偿数额。

第十四条　商标法第六十三条第一款规定的侵权所获得的利益，可以根据侵权商品销售量与该商品单位利润乘积计算；该商品单位利润无法查明的，按照注册商标商品的单位利润计算。

第十五条　商标法第六十三条第一款规定的因被侵权所受到的损失，可以根据权利人因侵权所造成商品销售减少量或者侵权商品销售量与该注册商标商品的单位利润乘积计算。

第十六条　权利人因被侵权所受到的实际损失、侵权人因侵权所获得的利益、注册商标使用许可费均难以确定的，人民法院可以根据当事人的请求或者依职权适用商标法第六十三条第三款的规定确定赔偿数额。

人民法院在适用商标法第六十三条第三款规定确定赔偿数额时，应当考虑侵权行为的性质、期间、后果，侵权人的主观过错程度，商标的声誉及制止侵权行为的合理开支等因素综合确定。

当事人按照本条第一款的规定就赔偿数额达成协议的，应当准许。

第十七条 商标法第六十三条第一款规定的制止侵权行为所支付的合理开支，包括权利人或者委托代理人对侵权行为进行调查、取证的合理费用。

人民法院根据当事人的诉讼请求和案件具体情况，可以将符合国家有关部门规定的律师费用计算在赔偿范围内。

第十八条 侵犯注册商标专用权的诉讼时效为三年，自商标注册人或者利害权利人知道或者应当知道权利受到损害以及义务人之日起计算。商标注册人或者利害关系人超过三年起诉的，如果侵权行为在起诉时仍在持续，在该注册商标专用权有效期限内，人民法院应当判决被告停止侵权行为，侵权损害赔偿数额应当自权利人向人民法院起诉之日起向前推算三年计算。

第十九条 商标使用许可合同未经备案的，不影响该许可合同的效力，但当事人另有约定的除外。

第二十条 注册商标的转让不影响转让前已经生效的商标使用许可合同的效力，但商标使用许可合同另有约定的除外。

第二十一条 人民法院在审理侵犯注册商标专用权纠纷案件中，依据民法典第一百七十九条、商标法第六十条的规定和案件具体情况，可以判决侵权人承担停止侵害、排除妨碍、消除危险、赔偿损失、消除影响等民事责任，还可以作出罚款，收缴侵权商品、伪造的商标标识和主要用于生产侵权商品的材料、工具、设备等财物的民事制裁决定。罚款数额可以参照商标法第六十条第二款的有关规定确定。

行政管理部门对同一侵犯注册商标专用权行为已经给予行政处罚的，人民法院不再予以民事制裁。

第二十二条　人民法院在审理商标纠纷案件中，根据当事人的请求和案件的具体情况，可以对涉及的注册商标是否驰名依法作出认定。

认定驰名商标，应当依照商标法第十四条的规定进行。

当事人对曾经被行政主管机关或者人民法院认定的驰名商标请求保护的，对方当事人对涉及的商标驰名不持异议，人民法院不再审查。提出异议的，人民法院依照商标法第十四条的规定审查。

第二十三条　本解释有关商品商标的规定，适用于服务商标。

第二十四条　以前的有关规定与本解释不一致的，以本解释为准。

最高人民法院关于审理商标案件有关管辖和法律适用范围问题的解释

（2001 年 12 月 25 日最高人民法院审判委员会第 1203 次会议通过　根据 2020 年 12 月 23 日最高人民法院审判委员会第 1823 次会议通过的《最高人民法院关于修改〈最高人民法院关于审理侵犯专利权纠纷案件应用法律若干问题的解释（二）〉等十八件知识产权类司法解释的决定》修正　2020 年 12 月 29 日最高人民法院公告公布　自 2021 年 1 月 1 日起施行　法释〔2020〕19 号）

《全国人民代表大会常务委员会关于修改〈中华人民共和国商标法〉的决定》（以下简称商标法修改决定）已由第九届全国人民代

表大会常务委员会第二十四次会议通过，自 2001 年 12 月 1 日起施行。为了正确审理商标案件，根据《中华人民共和国商标法》（以下简称商标法）、《中华人民共和国民事诉讼法》和《中华人民共和国行政诉讼法》（以下简称行政诉讼法）的规定，现就人民法院审理商标案件有关管辖和法律适用范围等问题，作如下解释：

第一条 人民法院受理以下商标案件：

1. 不服国家知识产权局作出的复审决定或者裁定的行政案件；

2. 不服国家知识产权局作出的有关商标的其他行政行为的案件；

3. 商标权权属纠纷案件；

4. 侵害商标权纠纷案件；

5. 确认不侵害商标权纠纷案件；

6. 商标权转让合同纠纷案件；

7. 商标使用许可合同纠纷案件；

8. 商标代理合同纠纷案件；

9. 申请诉前停止侵害注册商标专用权案件；

10. 申请停止侵害注册商标专用权损害责任案件；

11. 申请诉前财产保全案件；

12. 申请诉前证据保全案件；

13. 其他商标案件。

第二条 本解释第一条所列第 1 项第一审案件，由北京市高级人民法院根据最高人民法院的授权确定其辖区内有关中级人民法院管辖。

本解释第一条所列第 2 项第一审案件，根据行政诉讼法的有关规定确定管辖。

商标民事纠纷第一审案件，由中级以上人民法院管辖。

各高级人民法院根据本辖区的实际情况，经最高人民法院批准，可以在较大城市确定 1-2 个基层人民法院受理第一审商标民事纠纷案件。

第三条 商标注册人或者利害关系人向国家知识产权局就侵犯

商标权行为请求处理，又向人民法院提起侵害商标权诉讼请求损害赔偿的，人民法院应当受理。

第四条 国家知识产权局在商标法修改决定施行前受理的案件，于该决定施行后作出复审决定或裁定，当事人对复审决定或裁定不服向人民法院起诉的，人民法院应当受理。

第五条 除本解释另行规定外，对商标法修改决定施行前发生，属于修改后商标法第四条、第五条、第八条、第九条第一款、第十条第一款第（二）、（三）、（四）项、第十条第二款、第十一条、第十二条、第十三条、第十五条、第十六条、第二十四条、第二十五条、第三十一条所列举的情形，国家知识产权局于商标法修改决定施行后作出复审决定或者裁定，当事人不服向人民法院起诉的行政案件，适用修改后商标法的相应规定进行审查；属于其他情形的，适用修改前商标法的相应规定进行审查。

第六条 当事人就商标法修改决定施行时已满一年的注册商标发生争议，不服国家知识产权局作出的裁定向人民法院起诉的，适用修改前商标法第二十七条第二款规定的提出申请的期限处理；商标法修改决定施行时商标注册不满一年的，适用修改后商标法第四十一条第二款、第三款规定的提出申请的期限处理。

第七条 对商标法修改决定施行前发生的侵犯商标专用权行为，商标注册人或者利害关系人于该决定施行后在起诉前向人民法院提出申请采取责令停止侵权行为或者保全证据措施的，适用修改后商标法第五十七条、第五十八条的规定。

第八条 对商标法修改决定施行前发生的侵犯商标专用权行为起诉的案件，人民法院于该决定施行时尚未作出生效判决的，参照修改后商标法第五十六条的规定处理。

第九条 除本解释另行规定外，商标法修改决定施行后人民法院受理的商标民事纠纷案件，涉及该决定施行前发生的民事行为的，适用修改前商标法的规定；涉及该决定施行后发生的民事行为的，适用修改后商标法的规定；涉及该决定施行前发生，持续到该决施行后的民事行为的，分别适用修改前、后商标法的规定。

  第十条 人民法院受理的侵犯商标权纠纷案件，已经过行政管理部门处理的，人民法院仍应当就当事人民事争议的事实进行审查。

实用附录

1. 商标注册申请书①

申请人名称（中文）：	
（英文）：	
申请人国籍/地区：	
申请人地址（中文）：	
（英文）：	
邮政编码：	
联系人：	
电话：	
代理机构名称：	
外国申请人的国内接收人：	
国内接收人地址：	
邮政编码：	
商标申请声明：	☐ 集体商标　　　　　　　☐ 证明商标 ☐ 以三维标志申请商标注册 ☐ 以颜色组合申请商标注册 ☐ 以声音标志申请商标注册 ☐ 两个以上申请人共同申请注册同一商标
要求优先权声明：	☐ 基于第一次申请的优先权　☐ 基于展会的优先权　☐ 优先权证明文件后补
申请/展出国家/地区：	
申请/展出日期：	
申请号：	

---

① 书式来源：国家知识产权局商标局官网。

申请人章戳（签字）：　　　　　　代理机构章戳：

　　　　　　　　　　　　　　　　　代理人签字：

注：请按说明填写

　　下框为商标图样粘贴处。图样应当不大于10×10cm，不小于5×5cm。以颜色组合或者着色图样申请商标注册的，应当提交着色图样并提交黑白稿1份；不指定颜色的，应当提交黑白图样。以三维标志申请商标注册的，应当提交能够确定三维形状的图样，提交的商标图样应当至少包含三面视图。以声音标志申请商标注册的，应当以五线谱或者简谱对申请用作商标的声音加以描述并附加文字说明；无法以五线谱或者简谱描述的，应当使用文字进行描述；商标描述与声音样本应当一致。

商标说明：	
类别：	
商品/服务项目：	
类别：	
商品/服务项目：	

商标注册申请书（附页）

其他共同申请人名称列表：

填写说明

1. 办理商标注册申请，适用本书式。申请书应当打字或者印刷。申请人应当按照规定并使用国家公布的中文简化汉字填写，不得修改格式。

2. "申请人名称"栏：申请人应当填写身份证明文件上的名称。申请人是自然人的，应当在姓名后注明证明文件号码。外国申请人应当同时在英文栏内填写英文名称。共同申请的，应将指定的代表人填写在"申请人名称"栏，其他共同申请人名称应当填写在"商标注册申请书附页——其他共同申请人名称列表"栏。没有指定代表人的，以申请书中顺序排列的第一人为代表人。

3. "申请人国籍/地区"栏：申请人应当如实填写，国内申请人不填写此栏。

4. "申请人地址"栏：申请人应当按照身份证明文件中的地址填写。身份证明文件中的地址未冠有省、市、县等行政区划的，申请人应当增加相应行政区划名称。申请人为自然人的，可以填写通讯地址。符合自行办理商标申请事宜条件的外国申请人地址应当冠以省、市、县等行政区划详细填写。不符合自行办理商标申请事宜条件的外国申请人应当同时详细填写中英文地址。

5. "邮政编码"、"联系人"、"电话"栏：此栏供国内申请人和符合自行办理商标申请事宜条件的外国申请人填写其在中国的联系方式。

6. "代理机构名称"栏：申请人委托已在商标局备案的商标代理机构代为办理商标申请事宜的，此栏填写商标代理机构名称。申请人自行办理商标申请事宜的，不填写此栏。

7. "外国申请人的国内接收人"、"国内接收人地址"、"邮政编码"栏：外国申请人应当在申请书中指定国内接收人负责接收商标局、商标评审委员会后继商业务的法律文件。国内接收人地址应当冠以省、市、县等行政区划详细填写。

8. "商标申请声明"栏：申请注册集体商标、证明商标的，以三维标志、颜色组合、声音标志申请商标注册的，两个以上申请人共同申请注册同一商标的，应当在本栏声明。申请人应当按照申请内容进行选择，并附送相关文件。

9. "要求优先权声明"栏：申请人依据《商标法》第二十五条要求优先权的，选择"基于第一次申请的优先权"，并填写"申请/展出国家/地区"、"申请/展出日期"、"申请号"栏。申请人依据《商标法》第二十六条要求优先权的，选择"基于展会的优先权"，并填写"申请/展出国家/地区"、"申请/展出日期"栏。申请人应当同时提交优先权证明文件（包括原件和中文译文）；优先权证明文件不能同时提交的，应当选择"优先权证明文件后补"，并自申请日起三个月内提交。未提出书面声明或者逾期未提交优先权证明文件的，视为未要求优先权。

10. "申请人章戳"栏：申请人为法人或其他组织的，应加盖公章。申请人为自然人的，应当由本人签字。所盖章戳或者签字应当完整、清晰。

11. "代理机构章戳"栏：代为办理申请事宜的商标代理机构应在此栏加盖公章，并由代理人签字。

12. "商标图样"栏：商标图样应当粘贴在图样框内。

13. "商标说明"栏：申请人应当根据实际情况填写。以三维标志、声音标志申请商标注册的，应当说明商标使用方式。以颜色组合申请商标注册的，应当提交文字说明，注明色标，并说明商标使用方式。商标为外文或者包含外文的，应当说明含义。自然人将自己的肖像作为商标图样进行注册申请应当予以说明。申请人将他人肖像作为商标图样进行注册申请应当予以说明，附送肖像人的授权书。

14. "类别"、"商品/服务项目"栏：申请人应按《类似商品和服务项目区分表》填写类别、商品/服务项目名称。商品/服务项目应按类别对应填写，每个类别的项目前应分别标明顺序号。类别和商品/服务项目填写不下的，可按本申请书的格式填写在附页上。全部类别和项目填写完毕后应当注明"截止"字样。

15. "商标注册申请书附页——其他共同申请人名称列表"栏：此栏填写其他共同申请人名称，外国申请人应当同时填写中文名称和英文名称。并在空白处按顺序加盖申请人章戳或由申请人本人签字。

16. 收费标准：一个类别受理商标注册费 300 元人民币（限定本类 10 个商品/服务项目，本类中每超过 1 个另加收 30 元人民币）。受理集体商标注册费 1500 元人民币。受理证明商标注册费 1500 元人民币。

17. 申请事宜并请详细阅读"商标申请指南"（www.saic.gov.cn）。

2. 商标异议申请书①

被异议商标：

被异议类别：

商标注册号：

初步审定公告期：

被异议人名称：

被异议人地址：

被异议人代理机构名称：

异议人名称：

异议人地址：

邮政编码：

联系人：

电话：

是否提交补充材料：□是　　　□否

异议人代理机构名称：

异议请求和事实依据：

异议人章戳（签字）：　　　　　　　　　　　　代理机构章戳：

　　　　　　　　　　　　　　　　　　　　　　代理人签字：

注：请按说明填写

————————

① 书式来源：国家知识产权局商标局官网。

填写说明

1. 办理异议申请，适用本书式。申请书应当打字或者印刷。异议人应当按照规定并使用国家公布的中文简化汉字填写，不得修改格式。

2. "被异议类别"栏：异议人在此栏填写被异议商标的一个或多个类别。

3. "被异议人名称"、"被异议人地址"、"被异议人代理机构名称"栏：应与被异议商标的初步审定公告中的内容一致。

4. "异议人名称"栏：异议人应当填写身份证明文件上的名称。异议人是自然人的，应当在姓名后注明身份证明文件号码。

5. "异议人地址"栏：异议人应当按照身份证明文件中的地址填写。身份证明文件中的地址未冠有省、市、县等行政区划的，异议人应当增加相应行政区划名称。符合自行办理商标申请事宜条件的外国异议人地址应当冠以省、市、县等行政区划详细填写国内地址。

6. "是否提交补充材料"栏：异议人需要补充证据材料的，应当在异议申请书中勾选，并应自提交异议申请之日起3个月内提交。

7. "异议人代理机构名称"栏：异议人委托已在商标局备案的商标代理机构代为办理异议申请事宜的，此栏填写商标代理机构名称。异议人自行办理的，不填写此栏。

8. "异议请求和事实依据"栏：异议人应符合商标法规定的主体资格，提出异议申请时应有明确的异议理由、事实和法律依据。此栏内容较多的，可以另附"异议理由书"。

9. "异议人章戳（签字）"栏：异议人为法人或其他组织的，应加盖公章。异议人为自然人的，应当由本人签字。所盖章戳或者签字应当完整、清晰。

10. "代理机构章戳"栏：代为办理异议申请事宜的商标代理机构应在此栏加盖公章，并由代理人签字。

办理须知

1. 异议申请应当在商标法规定的异议期内提出，一份异议申请只能对一个初步审定的商标提出异议。

2. 商标异议申请材料包括：①商标异议申请书；②异议人的身份证明文件复印件；③明确的异议理由、事实和法律依据，并附相关证据材料；④以违反《商标法》第十三条第二款和第三款、第十五条、第十六条第一款、第三十条、第三十一条、第三十二条规定为由提出异议的，异议人应提交作为在先权利人或者利害关系人的主体资格证明文件。由商标代理机构代理提出异议申请的，还应提交申请人签字或加盖章戳的代理委托书，代理委托书应载明代理人代理权限、代理事项及授权日期，代理机构不能在同一商标异议案件中同时代理异议双方当事人。商标异议申请材料应提交一式两份并标明正、副本，编排证据目录及页码。

3. 商标异议费用按所提异议商标的类别收取，每个类别 500 元人民币。

4. 申请及缴费事宜并请详细阅读"商标申请指南"（sbj. cnipa. gov. cn）。

3. 更正商标申请/注册事项申请书①

申请人名称：

申请人地址：

邮政编码：

联系人：

电话：

代理机构名称：

商标申请号/注册号：

类别：

需重新制发证书文件：　　□是　　　　□否

更正事项：

申请人章戳（签字）：　　　　　　　　　　　　　　代理机构章戳：

　　　　　　　　　　　　　　　　　　　　　　　　代理人签字：

注：请按说明填写

填写说明

1. 办理更正商标申请/注册事项申请，适用本书式。申请书应当打字或者印刷。申请人应当按照规定填写，不得修改格式。

2. 申请人名称、申请人章戳（签字）处加盖的章戳（签字）应当与其身份证明文件中的名称一致。申请人为自然人的，应当在姓名后面填写证明文件号码。

3. 申请人地址应冠以省、市、县等行政区划名称。申请人应当按照身份证明文件中的地址填写，身份证明文件中的地址未冠有省、市、县等行政区划的，申请人应当增加相应行政区划名称。申请人为自然人的，可以填写通讯地址。

4. 委托商标代理机构申报的，应当填写代理机构名称并在"代理机构章戳/代理人签字"处由代理人签字并加盖代理机构章戳。

5. 一份申请书填写一个商标申请号（注册号）的更正申请事项。

6. 办理商标申请人名义/地址更正的，应当填写该商标的全部类别。

7. 更正内容不涉及商标申请文件或注册文件的实质性内容。更正事项应当注明申请更正的项目和内容。

8. 需重新制发证书文件的，应选择"是"，并附送有误的商标注册证或变更、转让、续展证明等文件原件。

9. 共有商标申请更正商标/注册事项，需由代表人提出申请。

10. 申请人为法人或其他组织的，应当在"申请人章戳（签字）"处盖章。申请人为自然人的，应当在此处签字。所盖章戳或签字应当完整清晰。

11. 申请按类别收费，一个类别更正费为 150 元人民币。

12. 申请事宜并请详细阅读"商标申请指南"（www. saic. gov. cn）。

4. 商标续展注册申请书①

申请人名称（中文）：

（英文）：

申请人地址（中文）：

（英文）：

邮政编码：

联系人：

电话：

代理机构名称：

商标注册号：

是否共有商标：　□是　　　　□否

类别：

申请人章戳（签字）：　　　　　　　　　　　　代理机构章戳：

　　　　　　　　　　　　　　　　　　　　　　代理人签字：

注：请按说明填写

填写说明

1. 办理商标续展注册，适用本书式。申请书应当打字或印刷。申请人应当按照规定填写，不得修改格式。

2. 申请人名称、申请人章戳（签字）处加盖的章戳（签字）应当与提交的身份证明文件中的名称一致。申请人为自然人的，应当在姓名后面填写证明文件号码。

3. 申请人地址应冠以省、市、县等行政区划名称。申请人应当按照身份

---

① 书式来源：国家知识产权局商标局官网。

证明文件中的地址填写，证明文件中的地址未冠有省、市、县等行政区划的，申请人应当增加相应行政区划名称。申请人为自然人的，可以填写通讯地址。

4. 国内申请人不需填写英文。

5. 属于共有商标的，应当在"是否共有商标"选择"是"；非共有商标选择"否"。

6. 共有商标申请商标续展注册，需由代表人提出申请，申请人名称/地址填写代表人的名称/地址，其他共有人名称/地址依次填写在申请书附页上（可再加附页）。非共有商标的，不需提交附页。

7. 委托商标代理机构申报的，应当填写代理机构名称并在"代理机构章戳/代理人签字"处由代理人签字并加盖代理机构章戳。未委托商标代理机构的，不需填写。

8. 一份申请书填写一个商标注册号。

9. 注册商标有多个类别的，按类别号依序填写。

10. 申请人为法人或其他组织的，应当在"申请人章戳（签字）"处盖章。申请人为自然人的，应当在此处签字。所盖章戳或签字应当完整清晰。

11. 申请按类别收费，一个类别受理商标续展注册费为 500 元人民币，续展注册延迟费 250 元人民币。

12. 申请事宜并请详细阅读"商标申请指南"（www.saic.gov.cn）。

商标续展注册申请书

（附页）

其他共有人

1. 名称（中文）：
  （英文）：
  地址（中文）：   （章戳/签字）
  （英文）：

2. 名称（中文）：
  （英文）：
  地址（中文）：   （章戳/签字）
  （英文）：

5. 商标注销申请书^①

申请人名称（中文）：

　　　　　（英文）：

申请人地址（中文）：

　　　　　（英文）：

　　邮政编码：

　　　联系人：

　　　　电话：

　　代理机构名称：

　　商标注册号：

　　是否共有商标：　□是　　　　□否

　　　　　类别：

注销商品/服务项目（分类填写）：

未交回原注册证原因：

申请人章戳（签字）：　　　　　　　　　　代理机构章戳：

　　　　　　　　　　　　　　　　　　　　代理人签字：

注：请按说明填写

填写说明

1. 办理注销注册商标或者注销注册商标在部分指定商品/服务项目上的

---

① 书式来源：国家知识产权局商标局官网。

注册的，适用本书式。申请书应当打字或印刷。申请人应当按规定填写，不得修改格式。

2. 申请人名称、申请人章戳（签字）处加盖的章戳（签字）应当与提交的身份证明文件中的名称一致。申请人为自然人的，应当在姓名后面填写证明文件号码。

3. 申请人地址应冠以省、市、县等行政区划名称。申请人应当按照身份证明文件中的地址填写，证明文件中的地址未冠省、市、县等行政区划的，申请人应当增加相应行政区划名称。申请人为自然人的，可以填写通讯地址。

4. 国内申请人不需填写英文。

5. 属于共有商标的，应当在"是否共有商标"选择"是"；非共有商标选择"否"。

6. 共有商标申请注销注册商标或者注销注册商标在部分指定商品/服务项目上的注册的，需由代表人提出申请，申请人名称/地址填写代表人的名称/地址，其他共有人名称/地址依次填写在申请书附页上（可再加附页）；非共有商标的，不需提交附页。

7. 委托商标代理机构申报的，应当填写代理机构名称并在"代理机构章戳/代理人签字"处由代理人签字并加盖代理机构章戳。未委托商标代理机构的，不需填写。

8. 一份申请书填写一个商标注册号。

9. 注册商标有多个类别的，按类别号依序填写。

10. 注销的商品/服务项目名称应与核定使用的同一种商品/服务项目名称相同，按类别号分段落填写（可再加附页）；申请注销一个类别中全部商品/服务项目的，商品/服务项目处填写"全部"字样；申请注册商标全类注销的，在此栏目填写"全类注销"字样。

11. 申请注销注册商标或者注销注册商标在部分指定商品/服务项目上的注册的，应同时交回原注册证，未交回原注册证的应说明理由。

12. 申请人为法人或其他组织的，应当在"申请人章戳（签字）"处盖章。申请人为自然人的，应当在此处签字。所盖章戳或签字应当完整清晰。

13. 申请事宜并请详细阅读"商标申请指南"（www.saic.gov.cn）。

商标注销申请书

（附页）

其他共有人

1. 名称(中文)：
   （英文)：
   地址(中文)： （章戳/签字）
   （英文)：
2. 名称(中文)：
   （英文)：
   地址(中文)： （章戳/签字）
   （英文)：

商标注销申请书

（附页）

注销商品/服务项目（续）：

6. 商标使用许可备案表①

许可人名称（中文）：

　　　　　　（英文）：

许可人地址（中文）：

　　　　　　（英文）：

被许可人名称（中文）：

　　　　　　　（英文）：

被许可人地址（中文）：

　　　　　　　（英文）：

邮政编码：

联系人：

电话：

代理机构名称：

商标注册号：

是否共有商标：□是　　　　□否

再许可：□是

许可人原备案号：

许可期限：

许可使用的商品/服务项目（分类填写）：

许可人章戳（签字）：　　　　　被许可人章戳（签字）：

代理机构章戳：

　　　　　　　　　　　　　　　代理人签字：

注：请按说明填写

填写说明

1. 报送注册商标使用许可备案，适用本书式。备案表应当打字或印刷。许可人/被许可人应当按照规定填写，不得修改格式。

2. 许可人/被许可人名称、许可人/被许可人章戳（签字）处加盖的章戳（签字）应当与所附身份证明文件中的名称一致。许可人/被许可人为自然人的，应当同时在姓名后面填写证明文件号码。

3. 许可人/被许可人地址应冠以省、市、县等行政区划名称。许可人/被许可人应当按照身份证明文件中的地址填写，证明文件中的地址未冠有省、市、县等行政区划的，许可人/被许可人应当增加相应行政区划名称。许可人/被许可人为自然人的，可以填写通讯地址。

4. 国内许可人/被许可人不需填写英文。

5. 属于共有商标的，应当在"是否共有商标"选择"是"；非共有商标选择"否"。

6. 共有商标报送商标使用许可备案，需由代表人报送，许可人名称/地址填写代表人的名称/地址，其他共有人名称/地址依次填写在备案表附页上（可再加附页）。非共有商标的，不需提交附页。

7. 注册商标使用许可备案由许可人报送。委托代理机构报送的，应当填写代理机构名称并在"代理机构章戳/代理人签字"处由代理人签字并加盖代理机构章戳。未委托代理机构的，不需填写。

8. 一份申请书填写一个商标注册号。

9. 再许可是指商标注册人通过被许可人许可第三方使用其注册商标。注册商标使用再许可的，应当在"再许可"选择"是"，填写许可人原备案号并报送注册人同意注册商标使用再许可授权书。

10. 许可使用的商品/服务项目名称应与核定使用的同一种商品/服务项目名称相同，按类别号分段落填写（可再加附页）。

11. 许可期限不得超过注册商标的有效期限。

12. 许可人/被许可人为法人或其他组织的，应当在"许可人章戳（签字）/被许可人章戳（签字）"处盖章。许可人/被许可人为自然人的，应当在此处签字。所盖章戳或签字应当完整清晰。

13. 申请按类别收费，一个类别注册商标使用许可备案费为 150 元人民币，由许可人缴纳。

14. 备案事宜并请详细阅读"商标申请指南"（www. saic. gov. cn）。

商标使用许可备案表

（附页）

其他共有许可人

1. 名称（中文）：
   （英文）：
   地址（中文）：　　　　　　　　（章戳/签字）
   （英文）：
2. 名称（中文）：
   （英文）：
   地址（中文）：　　　　　　　　（章戳/签字）
   （英文）：

商标使用许可备案表

（附页）

许可使用的商品/服务项目（续）：

7. 商标注册流程图^①

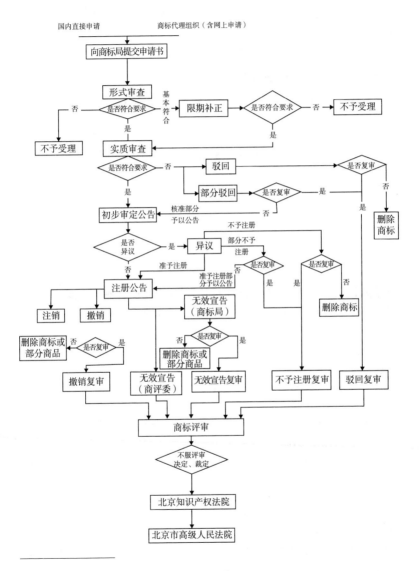

_____

① 流程图来源：国家知识产权局商标局官网。

图书在版编目（CIP）数据

中华人民共和国商标法（含商标法实施条例）注解与配套／中国法制出版社编.—北京：中国法制出版社，2023.11

（法律注解与配套丛书）

ISBN 978-7-5216-3683-3

Ⅰ.①中⋯ Ⅱ.①中⋯ Ⅲ.①商标法-法律解释-中国 Ⅳ.①D923.435

中国国家版本馆 CIP 数据核字（2023）第 118591 号

策划编辑：袁笋冰　　　　责任编辑：王林林　　　　封面设计：杨泽江

中华人民共和国商标法（含商标法实施条例）注解与配套
ZHONGHUA RENMIN GONGHEGUO SHANGBIAOFA（HAN SHANGBIAOFA SHISHI TIAOLI）ZHUJIE YU PEITAO

经销/新华书店
印刷/三河市国英印务有限公司
开本/850 毫米×1168 毫米　32 开　　　　印张/ 7.375　字数/ 164 千
版次/2023 年 11 月第 1 版　　　　　　　2023 年 11 月第 1 次印刷

中国法制出版社出版
书号 ISBN 978-7-5216-3683-3　　　　　　　　　　定价：21.00 元

北京市西城区西便门西里甲 16 号西便门办公区
邮政编码：100053　　　　　　　　　　　　　传真：010-63141600
网址：http://www.zgfzs.com　　　　　　**编辑部电话：010-63141676**
市场营销部电话：010-63141612　　　　**印务部电话：010-63141606**

（如有印装质量问题，请与本社印务部联系。）